나쁜 감정으로부터

나를 지키는 연습

나쁜 감정으로부터 나를 지키는 연습

초판 1쇄 2021년 03월 18일

기획 김도사 |**지은이** 최경선 | **펴낸이** 송영화 | **펴낸곳** 굿웰스북스 | **총괄** 임종익

등록 제 2020-000123호 | **주소** 서울시 마포구 양화로 133 서교타워 711호

전화 02) 322-7803 | **팩스** 02) 6007-1845 | **이메일** gwbooks@hanmail.net

© 김도사, 최경선, 굿웰스북스 2021, *Printed in Korea*.

ISBN 979-11-91447-05-7 03190 | **값 15,000원**

나쁜 감정으로부터 나를 지키는 연습

김도사 기획 · 최경선 지음

굿웰스북스

머
리
말

무엇이 우리를 아프고 우울하게 하는가?

자다가 무의식 중에 돌아눕던 나는 헉! 하며 나도 의식하지 못하는 사이 비명을 질렀다. 순간 꼼짝도 할 수 없는 아픈 옆구리를 살그머니 만져본다. 그제야 어제 밤늦게 퇴근하여 너무 아파서 소염제를 바르고 압박붕대로 가슴 부위를 칭칭 감은 기억이 났다. 어제는 주중 제일 바쁜 토요일이었다. 전날까지만 해도 노동조합에 가입한 직원들은 모두 출근하겠다고 약속했다.

그러나 웬걸? 전국 지점에 짧게는 몇 개월, 길면 1년 전부터 예약한 결혼식을 비롯한 각종 행사는 꽉 찬 상태다. 이른 아침부터 나와야 할 그들이 한 명도 나오지 않고 조합에 가입하지 않은 몇몇 직원만 출근했다고 부서 책임자는 긴급한 전화를 해왔다. 순간 스프링처럼 튀어 일어난 나는 머릿속이 온통 하얗고 어쩔 줄 모르는 상황이 되었다.

무엇보다 오늘 행사를 손꼽아 기다린 고객이 당혹할 생각에 걱정이 앞선다. 회사 선임대표로서 지시한다고 수습될 일이 아니다. 앞뒤 따지지 않고 출근하여 최선의 선택을 해야 했다. 30개가 넘는 지방과 수도권 지점에 동시에 일어난 일이다. 가장 크고 많은 행사가 예약된 지점 외 모든 지점에 긴급연락을 했다. 예약된 행사는 진행하되 돈은 받으려 하지 말고, 신속히 주변 식당에 행사 오신 손님을 접대할 수 있는 곳을 찾아보라 했다.

남은 직원을 이끌고 제일 큰 두 지점에 배치했으나 기술력이나 시스템을 모르는 이제 입사한 지 며칠 안 된 익숙하지 않은 직원뿐이다. 나 역시 한 지점의 책임자로 직접 조리에 나섰다. 일용직과 파트타임까지 이끌고 죽기를 각오하고 정신없이 조리했다. 하루를 마무리하던 중 주방 바닥에 그대로 미끄러져 기구 모서리에 옆구리를 심하게 부딪쳤다. 아픈 통증을 느끼지 못한 채 저녁까지 마무리 짓고 돌아서는 늦은 밤은 허무하고 텅 빈 아린 마음에 아픈 줄도 몰랐다.

비명 지르던 그 밤이 지났으나 다음 날은 일요일이라 만만찮은 행사로 병원도 못 가고 또 하루가 더 지나 병원에 갔다. 흉부 촬영 사진을 보던 의사는 X-Ray 사진 한 번 보고, 내 얼굴 한 번을 번갈아보더니 "갈비뼈가 두 개나 골절되었어요." 한다. 윙윙하는 것 같은 소리가 들리는 것 같다. "아니! 이러고도 사흘이나 있었어요?" 하는 의사의 말은 아무렇지도 않았다. 그보다는 함께 웃고 울던 직원들 얼굴이 어른거리는 것이 더 아팠다.

사람은 누구나 다 완벽할 수 없다. 그러기에 실수도 하고 아픔을 주기도 하고 상처 받기도 한다. 그 어떤 말로도 위로가 안 되는 상처의 아픔이 얼마나 있을까? 그것은 사람의 힘이 아닌 신의 영역에서 치유할 수 있는 감정이 아닐까 한다. 우리는 살면서 조그만 한 것에도 쉽게 상처받고 고민하며 아파하기도 한다. 특히 친밀하고 가까운 사이라면 제일 많이 이해할 것 같지만, 그렇지 않다. 친밀하고 가깝기에 상대에게 거는 기대감도 크다.

지난 시간 동안 온전하지 못하고 내려놓지 못했던 감정을 이 책에서 나는 고백한다. 좌절하고 아파하며 수많은 마음이 10년 넘는 동안 어렵게 합해지고 허물어지던 과정들이었다.

각자의 개인 입장은 있겠지만 우선 회사를 책임졌던 한 사람으로 사심 없는 마음을 들여다보려고 애썼다. 행여 누군가 이 책을 읽고 본인의 감정을 이입하여 오해 없기를 바라는 마음이다. 누구에게나 소중한 한 번뿐인 인생을 마냥 아파하며 살고 싶지 않았다.

그동안 괜찮은 척하며 애써 감추려고 했던 마음은 없어지지 않았다. 뉴스나 주변에서 비슷한 문제가 일어날 때마다 화들짝 놀라는 심정이 선명하게 떠올라 나를 더욱 위축시키고 아프게 했다. 부정적이고 우울한 감정은 외면하면 외면할수록 껍딱지가 되어 나의 꿈을 먹는 드림킬러가 되었다. 나는 그들에게 더 이상 나를 아무렇게나 하게 둘 수 없었다.

이제 과거의 나를 미련 없이 내려놓기로 했다. 단순해지고 가벼워지는 버림의 핵심은 비움이다. 과거 감정에 집착하지 않겠다는 것은 현재 이 순간 삶에 여유를 갖고 몰입할 수 있는 장점은 된다. 괜찮은 척하며 상처받은 감정, 미움받고 싶지 않아 애쓰던 마음, 싫은 것을 싫다고 표현하지 못했던 감정들이다. 뻔뻔하게, 나답게, 단호하게 살려는 것이다.

'언젠가 좋아지겠지.'라는 언젠가의 기대는 이제 미련 없이 버릴 때다

특별히 감사한 것은 지난번 책『감정 내려놓기 연습』을 쓰고 이어 이번 책을 쓰기 위해 노심초사하는 나에게 책 쓰기 코칭을 해주신 〈한책협〉 김도사(김태광)님의 노고다. 김도사님께서는 고민하는 나를 보시고 선한 영향력으로 이번 책을 기획하여 선물해주셨다.

내가 무엇을 써야 하는지 정확하게 보시고 예리하게 지적하신다. '도사'라는 칭호는 아무렇게나 붙여진 것이 아니라는 것을 이 책 글쓰기를 하며 새삼 느낀다. 이 지면을 통해 다시 한 번 감사드린다.

세상에는 지식을 쌓는 것만이 전부가 아니다. 밤낮으로 공부하는 것만이 성공하는 삶이 아닌 것과 같다. 치열한 삶 속에서 자신이 누구인지조차 소중함을 모른다면 어떨까? 자신을 나쁜 감정에서 지키려는 상실은 아무리 많은 지식과 학문으로 이루어져도 소용없다.

나쁜 감정을 해결하려는 의지는 있으나, 지키려 행동하지 않는다면 내 안에 창조적인 감정은 소멸되고 만다. 그러지 않기 위해서 먼저 나 자신을 사랑하라고 말한다.

언젠가는 괜찮아지겠지 하며, 그 언젠가를 미루는 것은 해결되지 않는 미련이다. 결국 내 안에 상처 난 아픈 미련을 해결할 능력은 나밖에 없다. 스스로에게 질문해보라.

'나 아니면 누가 하느냐?'
'지금이 아니면 언제 할 거냐?'

완전히 솔직해져 결국 이 감정을 실행할 사람은 자신밖에 없다. 언젠가의 기대는 이제 미련 없이 버릴 때가 되었다.

3장 부정적인 마음에서 자유로워지는 8가지 심리기술

4장 내 마음을 지키는 셀프 심리 코칭

5장 뻔뻔하게, 나답게, 단호하게 살아라

-

1장

괜찮은
척하느라
더는
상처받지
마라

01

괜찮은 척하느라
더는 상처받지 마라

무엇보다 중요한 것은
나 자신이다.

괜찮은 척을 영원히 할 수 있을까

인간이 가진 인내의 한계는 어디까지일까? 이젠 잊고 괜찮다고 생각했던 상처가 비슷한 상황이 되면 어느 순간 다시 나타난다. 그로 인한 괴로움을 겪어본 이들은 그 심정을 안다. 특히 아픈 감정이 주는 육체적·정신적 감정 노동으로 인내의 한계에 이르렀을 때 나타나는 마음은 두말할 나위 없지 않을까? 자신의 위치와 책임으로 아픈 상처를 표현도 못 한 채 견뎌야 하는 마인드 컨트롤은 쉽지 않다.

한 번만 겪어도 쉽지 않은데 하루 이틀도 아닌 날들이 누적된다면 어떻게 될까? 누구에게도 도움 받지 못하고 오히려 비난 받는다면? 계속해서 버틸 수 있을까? 주변인들과 인간관계는 아무렇지 않게 이루어질까? 그럼에도 괜찮은 척, 아무렇지도 않은 척해야 한다면 괴롭다. 잘못된 것이 아니라, 그것이 정상이다.

상처투성이면서 괜찮은 척하며 살아온 나는 남들처럼 평범한 가정에서 온순하게 자랐다. 비교적 일찍 사회에 나와 시작한 객지 생활은 힘들었지만, 한편 호기심 많은 편이라 즐겁기도 했다. 영어 공부하는 학원에서 '참 순한 사람이다.' 하는 남자와 만나 결혼을 했고 슬하에 연년생 두 아들을 두었다. 손에 쥔 것 없이 고달픈 생활전선에 늘 남편보다 먼저 뛰어들어야 하는 삶이었다. 그이는 가족을 책임지기 위해 노력을 하지 않았다. '성격 급한 사람 술값 먼저 낸다.'는 말처럼 답답한 마음에 늘 먼저 나서야만 했다.

조그마한 사업을 하면서 아이들을 키워야 하는 힘든 생활은 계속되었다. 나 아니면 누구도 돌봐줄 이 없는 작은 아이를 등에 업은 채 한 살 많은 큰애의 조그마한 손을 붙들고 일까지 나가는 생활은 이만저만 힘든 것이 아니었다. 손님에게는 상냥하게 대했지만 때로는 미칠 것만 같았다. 결혼 생활이 이럴 것이라고 누가 생각이나 했을까? 결혼 전에는 순하고 착한 사람이라고 생각했으나 시간이 지날수록 남편이 얄밉게 느껴졌다. 누구에게든 이런 것 잘 살펴보고 결혼하라고 말하고 싶을 정도였다. 사랑하는 사람과 오손도손하게 행복하게 잘 살 것이라 생각했었는데, 괜찮은 척하며 상처받는 자신이 괴로웠다. 절대로 내가 꿈꾸던 결혼생활은 아니었다.

<h2 style="text-align:center">갈등에서 선택해야 하는 감정</h2>

상처받고 괜찮은 척하는 감정은 지극히 정상이다. 사회적으로 성공을 하였거나 잘난 사람도 모두 상처받고 괜찮은 척하는 것은 다 마찬가지다. 이런 감정들은 적절한 해소 방법을 찾아야 좋다. 환경을 개선하고 그 감정을 이해하고 수용해야 한다. 그러기 위해서는 시도해야 결과가 나오지 않을까? 시도해보지도 않고 가슴앓이만 한다면 어떻게 될 것인가. 해결을 위한 시작을 해야 한다.

사람이기에 사랑했던 마음도 상처 받으면 차츰 자신만을 위한 부정적인 생각에 빠지게 된다. 괜찮은 척하며 얄미운 부정적인 감정을 계속 방치하게 되면 우울증이 되고 상처가 된다. 심하면 의도치 않았던 극한 상황까지 간다. 어릴 때 가정 환경이 폭력적이었다면 자연히 그때 받았던 본능대로 상상하게 된다. 생각하고 상상하는 것은 자유지만 행동으로 옮기는 것은 하지 말아야 한다. 그럴 땐 혼자 상처받고 괜찮은 척하며 우울한 것보다 자신의 내면을 이해하고 치유해야 할 시점이다. 자신의 감정을 들여다보고 이해하고 받아들이면 욱할 수 있는 행동 감정 조절에 도움이 된다. 그 감정을 떠올리고 받아들이는 생각만으로도 마음은 위로를 받고 안정을 얻게 된다. 자신을 탓하고 비하하기 전 괜찮은 척하는 환경을 바로 보고 돌아보아야 한다.

매슬로우(Maslow)의 동기 이론 중 갈등, 좌절, 그리고 위협 이론에서 그는 "어떤 개인을 좌절하게 만드는 상황과 그가 주관적으로 느끼는 좌절감을 어떻게 동일한 기준으로 재단할 수 있을까? 개인의 주관적인 반응을 살펴본 바에 의하면, 갈등, 좌절, 위협은 서로 완전히 다른 두 종류의 심리학적 현상을 포함한다."라고 한다.

갈등은 좌절이나 위협의 개념과 교차하는 면이 있다. 잠정적으로 분류하면 가장 단순하게 생각할 수 있는 갈등의 유형 중에 순수한 선택이 있다. 미로 속 갈림길 앞의 자신을 떠올리면 된다.

인간은 이러한 선택의 순간을 셀 수 없이 마주한다. 동일한 목표에 이르는 갈림길이라도 선택을 해야 한다. 목표 그 자체가 중요하기에, 그 방법을 양자택일해야 하는 상황이다. 목표의 중요성 여부는 당연히 자신이 판단해야 할 문제다. 누군가에게는 중요하지만 다른 이에게는 중요하지 않을 수도 있다. 예를 들어 중요한 일에 좋은 인상을 남기고 싶어 마음에 들지 않아도 그 상황을 생각해본다. 일단 결정하면 마음에 닥친 갈등은 사라진다. 그러나 모든 갈등이 쉽사리 사라지지 않는다.

단순한 감정이 아닌 아주 중요한 선택이라면 어땠을까? 우리는 일상에서 일어나는 셀 수 없는 감정을 선택해야 한다. 상처받은 갈등을 얼마나 견디며 괜찮은 척해야 하는 것일까? 이러한 인간관계는 늘 해야 하는 것인가? 어렵고 힘든 과정에서 단순히 견디며 묵묵히 사는 건 장단점이 있다. 괜찮은 척하는 부정적 감정 대신 더 이상 상처받지 않는 긍정의 감정을 선택해야 한다. 그것은 자신의 몫이다.

생각만 하지 말고 저질러라

남편으로 인한 견디기 힘든 상처는 자존심을 상하게 했으나 누구에게도 말하지 않았다. 나 자신의 선택으로 인한 오늘의 결과였다. 결혼할 때 친정 부모님의 우려는 나의 현실이 되고 말았다. 상처받은 마음은 하루에도 몇 번씩 인내의 한계를 넘나드는 롤러코스터를 탔다.

아픈 상처로 인한 육체적·정신적 감정 노동의 강도는 내 안에 자아가 사라지는 상태에 이르게 했다. 함부로 분한 감정을 노출시킬 수도 없었다. 다른 사람들의 결혼 생활과 너무 다른 것 같아 남편을 이해하고 사랑하기 힘들었다. 괜찮은 척하는 내 비밀이 드러날까 봐 일부러 친정에도 가지 않았다.

내 편이라 생각하였고 '나를 챙겨주고 책임질 사람'이라고 기대했던 내 마음은 산산조각 나는 아픔이 되었다. 최선을 다했는데 돌아오는 것은 실망과 좌절뿐이었다. 완전한 남남이라면 그 관계는 유지할 필요도 없다. 내가 이만큼 하니 어느 정도는 해주겠지 하는 기대 심리는 여지없이 무너진다. 육체가 힘드니 정신도 온전하지 못한 것은 당연했다. 경제적 문제는 더욱 감정을 가중시켰다.

넌지시 남의 얘기처럼 이웃 아주머니에게 말하면 "대부분 여자들은 남편에게 실망하고 살아요!"라고 한다. 그러는 이웃 아주머니의 말 앞에서 남의 일처럼 웃는 얼굴로 동의하고 만다. 나의 상처를 부정하고 감정을 억누르니 괜찮은 척하는 마음은 더욱 즐겁지 못했다. 그러나 나의 선택을 포기하고 싶지 않았다. 솔직해지기로 했다.

먼저 남편에게 의존하고 집착했던 마음을 나 자신에게 돌리고 스스로 자아를 찾아 나를 사랑하기로 했다. 나의 순수한 선택으로 부정적인 감정을 내 탓이라고 생각하기로 했다. 어떤 문제 상황에도 더 잘해주고 배려하면 나아질 것이라고 생각하고 이해하려고 애썼다. 마음에는 상처를 담고 가정과 자녀를 생각해서 괜찮은 척하는 행동은 나의 특성이 되었다.

상처는 자연히 소멸되어 괜찮은 척하는 것에 힘이 되었다. 남편의 소극적인 부분은 가정을 책임지기 위해서는 고쳐야 할 부분이다. 남편의 특성은 다른 이가 가지지 못한 살아가는 데 좋은 장점도 있다고 생각했다. 나는 그냥 좋은 사람 되기를 포기하고 하고 싶은 대로 마음껏 행동했다. 한결 정신이 맑아지고 솔직해지니 인간관계에서도 만족스러워졌다. 갈등을 긍정으로 선택하니 스스로 힘든 감정 부분이 조절되기 시작했다.

괜찮은 '척!'하며 문제를 긍정으로 웃으며 받아들이면 그 순간의 관계는 잠깐은 위로가 된다. 그러나 궁극적인 해결은 될 수 없다. 모든 해결의 시작은 마음의 수용이다. 나도 상대도 좋은 인간관계 상황이 최선이지만, 억누르는 감정에서 무엇보다 중요한 것은 나 자신이 먼저다. 한 가지 알아야 할 사실은 자기감정을 상처받고 억누르면서까지 무리하게 상대에게 맞출 필요가 없다.

자기감정만 옳고 조언하는 말을 듣지 않으려는 사람을 좋아할 사람은 없다. 그런 문제들을 괜찮은 척하며 상처받지 않으려면 자신에게 양보할 수 있는 부분과 할 수 없는 부분을 명확히 해야 한다. 더는 상처받지 말아야 한다. 자신의 감정을 들여다보라. 그렇게 하지 않으면 겉으로 드러내지 않고 괜찮은 척하느라 상처받으며 인간관계에 지쳐 있는 사람이 된다.

당신은 괜찮은 척하느라 상처받고 있지 않은가? 상처받지 않으려면 묵묵히 나 자신을 지키며 감정에 휘둘리지 않고 자아실현을 이루며 살아야 한다. 자신이 원하는 욕구를 솔직하게 인정하고 표현하여 자신을 보호해야 한다. 결정은 신중하되 긍정적으로 자신을 믿자.

02

행복해지고 싶으면
감정 조절을 잘하라

내 감정은
나의 것임을 명심하자.

감정 조절에 지름길이 있을까

A지점장은 오늘 속이 상한다. 일주일 중 가장 바쁜 주말을 보내고 일일 보고 후 밤 열한시에 시작한 회의는 아침까지 이어졌다. 집합빌딩 중앙공급이 끊어진 여름밤 더위는 피곤과 함께 부정적 감정을 일으킨다. 왜 이렇게 극도로 피곤한 날 그것도 밤새도록 회의를 해야 하는지, 옆자리 수도권 지점 모든 점장들은 왜 아무렇지도 않은 것 같은지 이해가 안 된다. 가뜩이나 지점 분위기도 가라앉고 매출도 미달이다. 밤샘회의는

아침 해장국으로 마무리 지었지만, 회의 내용도 해장국 맛도 영 예전처럼 느껴지지 않는다. 자꾸만 마음은 어디론지 나를 끌고 가는 것 같다. 피곤한 몸으로 곧장 먼저 출근하여 들어오는 지점 가족들을 본다. 그들도 썩 유쾌해 보이지 않고 지친 얼굴들이다.

어제 밤 회의 내용을 떠올려본다. 여러 내용이 있었지만, 그 중 핵심은 전체 지점 중 A 지점의 원가 비율이 타 지점에 비해 제일 높았다는 내용이었다. 회사는 말한다. 매출 대비 판매가격, 식수 인원 대비 적정한 원가 비율이 이미 경험과 시스템으로 나타나 있다. 그런데 왜 타 지점에 비해 월등히 높게 나타나는지 파악하라고 한다. 예전에 같이 일했던 책임자와는 커뮤니케이션도 잘되고 이런 상황을 겪어보지 않았다. 많은 투자를 하여 개설한 업장 점장으로서 재량껏 업무 권한을 위임받아 운영하는 것은 쉬운 일이 아니다. 본부에서 당연히 검증하고 인정하였기에 책임자가 된 것이고, 모든 업무 전반은 이미 개인이 아닌 회사의 임원급 업무였다.

아침 10시까지 출근하여 밤 10시까지 근무하는 것은 이 업계의 관행이다. A지점장은 타 직장에 비해 성공 기회가 많아 힘들지만 패기 있는 젊음을 미래를 위해 입사했다. 그동안 과장급이었던 직급이 3년 사이 대형 지점 점장으로 숨 가쁘게 달려왔다. 어떨 땐 정말인가, 하고 흠칫 놀라기도 한다.

하버드대 성공 강의에는 "인생은 지름길이 없다"고 한다. 그 내용 중 한 부분으로 긍정적인 감정은 가장할 수 있다고 한다. 심리학에서는 스스로 즐거운 척 가장하고 그렇게 행동한다면 실제로 그런 감정을 느끼게 된다고 주장한다. 미국의 유명한 교육자 데일 카네기도 이렇게 말한다. "내가 하는 일이 즐겁다고 가장한다면, 부정적인 감정이 줄어들고 실제로 일이 즐겁게 느껴질 것이다."

사람은 누구나 본인이 원하고 희망하는 꿈이 있다. 그 목적 달성은 쉽고 편하게 이루어지지 않는다는 것은 누구나 다 아는 사실이다. 그런데도 주변의 성공한 사람들의 얘기를 들어보면 그렇게 어려운 일이 아닌 것처럼 느껴질 때가 많다. 그렇다면 세계적으로 유명한 하버드대에서는 왜 인생은 지름길이 없다고 했을까? 성공으로 향하는 과정은 실패하는 과정보다 어렵다. 많은 어려움과 생각이 주는 감정 속에서 좌절하고 우울한 것은 당연한 것이 아닐까?

사람들은 이율배반적인 부분이 있다. 어려울 줄 알고 시작한 일이라도 막상 힘들면, 쉽게 목적하는 바를 바라면서 본래의 의도와 다른 감정을 갖는다. 예를 들면 회사에서 수많은 서류와 문서를 처리하는 동안 즐겁다고 생각했던 마음이 흥미도 잃고 싫어지면 몸도 마음도 피곤해진다. 그러다가도 어느 날, 자신의 마음을 컨트롤하며 긍정적으로 가장하며 다니기 시작한 시간 속에 그렇게 부정적이던 일들이 재미있게 느껴지기도 하는 것이다.

미국의 저명한 심리학자 폴 에크만은 실험을 통해 감정의 변화가 행동의 변화를 불러온다는 사실을 입증했다. 어떤 감정을 상상해보라 했더니 실제로 80% 이상의 사람들이 그런 감정을 느끼고 변화되었다고 답했다.

감정을 조절하면 인생이 바뀐다

A지점장은 요즘 별것 아닌 일에 기분 나쁘며 자꾸 화가 난다. 가끔씩 자신에게 물어본다. '왜 이렇게 화가 나지?' 직장에 나와 예전 같지 않게 예민해진 것이다. 사랑에 빠질 때 갑자기 세상이 그렇게 아름답게 보이는 것처럼 입사할 당시 희망찼던 때가 엊그제 같다.

전공과 다른 직장이었지만, 비전을 느꼈고 그동안 자신에게 이 분야가 적성에 맞는다고 생각했다. 힘든 업무도 있었지만 당연하다고 생각했다. 더 많이 배우고 꿈꾸는 목표를 향해 가는 즐거움이 있었다. 우수한 능력 평가로 해외연수 기회와 교육을 통한 전문 경영자의 대열에 참여했을 때 기쁨은 이루 말할 수 없이 뿌듯했다. 비전공으로 처음 우려했던 마음은 기우였다. 그러한 어느 날부터 잦은 컴플레인으로 우울했다. 어제 주말 심야회의에서 편하지 못한 결과는 곤욕스럽다. 원가가 상위권으로 높은 이유를 알기 위해 부서 책임자와 미팅을 했다. 그 책임자는 A지점장보다 몇 살 위이다. 먼저 실토하는 그는 우선 사과를 했고 개인적인 나쁜 일들로 업무를 원활히 수행하지 못했다는 이유를 말한다. 그 책임자는 고민으로 업무를 제대로 파악치 못하고 근심 걱정으로 흥미를 잃었던 결과였다.

최근 몇 년 동안 A지점장은 하고 싶은 일을 하며 승승장구했고, 사랑하는 배우자를 만나 결혼도 했다. 예쁜 자녀를 육아하며 미처 생각지 못했던 피곤함을 자주 느꼈다. A지점장은 그동안 바쁜 날들을 괜찮은 척했지만 충분히 쉬지 못했다. 부서 책임자는 이 분야에서 훨씬 오래 근무하고 자신보다 나이도 많아 의지했던 마음이 잘못되었음을 깨달았다. 그때서야 자신의 마음이 업무 스킬에 지장을 준 이유를 파악했다.

이 사회에서 본인이 좋아하는 일만 할 수 있다면 얼마나 좋을까? 젊음, 시간, 노력, 돈으로 대학 졸업 후 정작 전공과 관련된 직장이 아닌 사람들이 많은 것은 사실이다. 그러나 심리학에서 긍정적인 감정은 가장할 수 있다고 한 것을 통해 인간은 환경적인 존재임을 다시 한 번 느낀다. 그렇다고 행복하지 못할까? 다만 개인의 성향에 편차는 있지만 그렇지 않은 행복한 생활을 한다. 대학 진학 시 전공을 택하는 과정들이 각 개인의 정확한 의식보다 여건과 조건에 맞추는 오류는 있다. 그 결과 사회에서도 비슷한 현상을 본다. 비전공이라고 뒤늦게 다시 대학에 들어가는 것은 쉽지 않은 일이다. 하고 싶은 일과 긍정적인 감정은 힘들지만 행복하게 한다.

꿈을 이뤘다는 느낌으로 상상하는 긍정적인 감정은 실제로 그 꿈을 이루어내는 경로가 된다. 한번 성공 결과를 이룬 원동력은 더 좋은 내 안의 창조적 에너지로 발전한다. 반면 일부러 분노를 가장하면 그로 인해 심박수와 체온이 점점 상승하고, 시간이 흐를수록 기분이 나빠지며 화가 나는 것도 같은 이유라고 심리학에서 말한다.

내 안의 변화는 일상의 작은 습관에서 시작한다. 그중 하나 감정도 습관이다. 우울, 불안, 걱정, 분노, 슬픔 등 부정적인 감정은 습관이 되기 때문이다. 우리의 뇌는 새로운 것보다 익숙한 것을 더 선호한다. 유쾌하고 좋은 감정이더라도 습관화되어온 익숙한 감정을 선택한다. 행복한 감정을 다스리기 위해서는 먼저 자신의 감정 습관부터 알아야 한다.

감정이 습관이 된다는 것은 한편으로 우리에게 희망을 준다. 행복한 습관을 갖는다면 그 습관은 어떤 시련이 와도 돌파할 수 있는 강력한 감정 조절이 된다. 고통스러운 감정에서 벗어나기 힘든 것은 감정 습관 때문이다. 하루 중 가장 편안한 시간일 때에도 즐거움보다 우울하고 불안한 감정이 많으면 부정적인 습관에 빠져 있을 가능성이 높다.

감정 조절이 주는 행복을 찾자

"행복이란 무엇인가? 힘이 성장하고 있다는 감정, 저항을 극복했다는 감정이다."라고 니체는 말한다. 행복한 감정의 힘이 성장하고 있는 긍정적 감정 조절 습관으로 부정적 감정 저항을 극복하는 좋은 말이다.

예를 들면 현대인은 다이어트에 대해 많은 걱정을 한다. 건강과 체중을 위해 좋은 것이지만, 쉽게 다이어트에 성공하지 못하는 것을 이로운 것이라 하여 더 좋아하는 것이 아닌 것과 같다. 행복한 감정도 습관이 되려면 부정적 감정에서 벗어나 긍정의 감정 습관으로 굳혀야 한다.

상황을 인지하는 생각은 감정, 행동, 신체 상태와 통일성을 이루려 한다. 이러한 특성을 이용하여 현재의 내 마음 생각에 변화를 주어 감정 조절을 해야 한다. 생각을 조절하여 감정을 변화시킬 수 있다. 반대로 우리의 감정이 생각을 변화시킬 수 있을까? 불길한 생각이나 부정적 생각이

들 때 기분 좋은 음악을 듣고 즐거웠고 행복했던 일을 즉시 떠올리는 연습도 괜찮은 방법이다.

　행복해지고 싶으면 무엇보다 감정 조절을 잘해야 한다. 일차적으로 감정 자체가 아닌 인지에 초점을 맞추는 것이 유용하다. 당신의 생각이 합리적이고 긍정적으로 바뀌면 감정 변화와 조절이 잘된다. 무엇보다 중요한 것은 내 감정은 나의 것임을 명심하자. 어떤 상황이 발생하면 다른 사람에게 원인을 돌리지 말아야 한다. 자신이 피해자라는 사실보다 억울함을 느끼는 감정을 들여다보고 그 감정은 내 것이라는 것을 받아들여야 한다. 무엇보다 남의 인생이 아닌 나의 인생이다. 감정 조절을 잘하면 삶의 전반에서 자신의 감정을 존중하게 되고 균형 잡힌 생활을 한다. 내 감정을 다른 사람 탓으로 돌리면 다투게 되고 삶이 어려워진다. 인지하는 감정 조절을 잘하면 풍요롭고 행복한 삶으로 뭘 해도 잘하는 성공한 삶을 살게 된다.

03

괜찮은 척하는 것도
마음의 습관이다

모든 문제는
마음이 해결책이다.

보통 사람들이 생각하는 심리

사람에게는 '척!'하는 심리 문화가 있다. 없어도 있는 척, 모르는 척, 아는 척, 때로는 착한 척, 센 척, 그중에 괜찮은 척이 있다. 집단주의적 문화로 나타나는 과시욕, 체면을 중요시해서일까? 일종의 '허세'이지 않을까? 타인의 인정과 평가가 삶의 중요한 부분이 되었다. 요즘은 퍼스널 브랜딩 열풍으로 SNS 등 모든 분야에서 엄지 '척!'하는 문화가 대세다. 우리 사회 '허세' 풍조는 대형 백화점 간이코너에서 많이 볼 수 있다. 그러한 일상들은 어제 오늘이 아니다. 오래전 유명 브랜드 백화점 쇼핑백만 들고 가도 있는 척, 멋있는 척하는 '허세' 심리는 많은 여성의 부러움을 샀던 때가 있었다. 동창 친구가 좋은 옷을 입고, 좋은 집에서 잘사는 것을 보면 아무렇지 않은 척, 괜찮은 척하면서 속상해하며 질투 나는 것은 애써 감춘다.

세상에는 다양한 사람들이 서로 공존한다. 크고 작은 모임에 가면 상대의 생각을 일일이 신경 쓰고 의식적 '척!'이라는 가면을 쓴 사람들이 꼭 한두 명 있다. 처음에는 그럴싸해 보이지만, 얼마 지나지 않아 텅 빈 껍데기와 같은 것을 본다. 사회 속에서 인간관계를 맺고 지속하기 위해서 '척'이 필요해서일까? 그렇게 하여 진실한 관계가 될 수 있을까? 가식을 진실처럼 믿고 살면 진실처럼 둔갑하는 습관이 된다.

아는 지인은 자녀의 공부를 위해서라며 없는 살림을 억지로 맞추어 변두리에서 강남 학군으로 부랴부랴 이사 후 자녀를 전학시켰다. 고등학생과 중학생 자녀는 심리적 압박감으로 어느 날 "엄마! 난 용꼬리보다 닭대가리가 좋아!" 하는 것이다. 지인은 그 말을 내게 하면서도 자녀의 마음이 어떤지는 전혀 생각하지 않는 듯했다. 자녀는 적응하기 힘든 전학으로 부모의 기세에 처음엔 괜찮은 척하며 안간힘을 쏟았다. 몇 년 후 결과는 주위 사람들의 빈축만 사는 일을 보며 자신을 드러내고 싶은 '척' 허세가 주는 자아 상실을 본다. 요즘 십대들을 보라. 그들의 일과는 어른들이 봐도 머리를 흔들 만큼 빠듯하다. 성적, 스펙에 잠까지 줄여가며 공부해도 미래는 불안하다. 누구보다 현실을 잘 아는 부모는 잘되는 방법이라면 하늘에 별이라도 따주고 싶은 마음이다. 그렇다고 자존심이 있으니 여기저기 말할 수도 없다. 자녀는 스트레스로 지친 마음을 친구에게라도 기대고 싶지만, 입시라는 레이스에서 친구는 경쟁자일 뿐이다.

겉으로는 괜찮은 척하지만, 내 옆 친구는 벌써 저만치 앞서 뛰고 있다. 친구에 비해 부족한 모습을 그대로 인정하면 낙오자가 될 것 같은 기분을 숨기고 괜찮은 척하며 아무렇지도 않은 척, 학교생활을 한다. 부모들은 십대 자녀의 미래에 제일 중요한 것이 무엇인지 알기에 더욱 속 타지만 '괜찮은 척!'한다. 부모도 자녀들도 속마음은 괜찮지 않다.

괜찮은 척하다 인생 망친다!

큰아이가 대학에서 자신의 전공이 맘에 들지 않는다고 입학 얼마 후부터 말한다. 나는 곧 괜찮아지겠지 생각하며 버틴다. 누구나 쉽게 들어갈 수 있는 학교가 아니었기에 곧 적응하리라 생각했다. 아이는 차츰 공부에 흥미를 잃고 컴퓨터를 통한 게임에 몰두하는가 하면 판타지 소설에 빠져 중독되는 상황에서 헤맨다. 이를 바라보는 부모 된 심정은 고3 때 새벽 5시 무거운 책가방과 싸준 도시락 2개를 들고 집을 나가 다음날 새벽 1시에 들어오던 고생이 떠올랐다. 군대 갔다 오면 생각이 달라질 것이라는 희망으로 1학년 후 군대를 다녀왔으나, 아이의 습관적인 행동과 마음은 변함이 없었다. 학과가 마음에 들지 않는다고 했을 때, 그 어려운 관문을 통과한 것이 아까워 처음엔 곧 괜찮아질 것이라는 안일한 생각은 괜찮지 않다. 아이와 고심하며 심각하게 의논해보려 하지 않고 회피하는 심정이다. 급기야 아이에게 자퇴를 하든지 계속 다니든지 마음대로 하라고 했다. 어느 날 바쁜 일과에 쫓기던 시간에 큰아이의 전화가 왔다. "엄마, 나 지금 자퇴서 내려 학교에 왔어요." 한다. 가슴이 철렁 내려앉았지만 아이의 소신대로 하라고 했다. 나는 괜찮은 척했다. 아이가 하고 싶고 좋아하는 일을 하면서 평생 사는 것이 좋을 것 같았다. 일종의 보상심리였는지 아직도 명확하지 않다. 다만 내 마음의 습관이 아이에게 중요한 결정을 끼친 것이다. 그 후 몇 년의 시간을 좀 더 심각하게 지나고 다시 공부하려 했을 때 수능 1등급은 적용되지 않았다. 지금은 다시 하고 싶은 학과를 졸업하고 나름 평범한 직장인이다. 그때 아무렇지도 않은 척, 괜찮은 척하지 않고 좀 더 적극적으로 배려했다면 많은 시간과 마음고생을 하지 않고 행복하지 않았을까 생각한다.

누구나 자신에게 '내 성격은 괜찮은 걸까?' 하고 가끔씩 생각해본다. 이 세상에 잘못된 감정과 성격이 얼마나 있을까. 이 사회는 무한경쟁으로 셀 수 없는 변화를 알지 못하면 탈락되는 느낌이다. 남들처럼 그들만큼 살기 위해 스스로를 채찍질하며 쉬지 않고 나아간다. 감정을 터트리는 것도, 마냥 괜찮은 척하며 참는 것도 해답은 아니다. 감정을 내뿜는 것도 반복되면 습관이 되는 것처럼 괜찮은 척하는 것도 마음의 습관이 된다.

마음의 상처를 받았는데도 괜찮다고 하고 불편해도 괜찮은 척하는 것은, 자신의 자아를 저하시키며 자존감을 무너뜨린다. 자신이 어떻게 살아가겠다는 확신에 모두 긍정하는 것은 아니다. 좋게 평가하지 않을 수도 어쩔 수 없을 때가 있다. 대다수는 불안하고 우울하나 괜찮을 것이라는 긍정적 생각으로 위로하고 아무렇지도 않은 척하며 마음의 습관대로 살지 않을까?

문제는 상대에게 느끼는 괜찮지 않은 터질 것 같은 위태롭고 힘든 감정을 자연스럽게 인정해주고 반응했으면 한다. 수습할 수 없는 나쁜 마음의 습관은 나쁜 결과를 만든다. 오늘도 많은 이들이 괜찮은 척하며 좋아하고 만나고 헤어지는 패턴은 오래전부터 습관화되어온 마음에서 이루어진다.

특히 요즘 SNS에 보면 모두 최고인 척, 제일인 척, 보정한 셀카 음식사진은 '난 이만큼 살아', '난 여기 가봤어', '난 이렇게 먹어' 세상에 괜찮은 척하는 허세로 가득하다. 자신의 일상을 기록하는 SNS에 여행 가서 맛있는 음식을 먹고 좋은 곳 구경한 '척!'하는 포스팅들이다. 가보지 못하고 누리지 못하는 현실은 상대적 박탈감이 생기나 '괜찮은 척!'하는 마음이 습관들이 아닐까?

행복한 모습만 보이는 '허세 샷'이 대세가 되고 과대포장의 '허언증' 상담환자가 최근 몇 년 사이 3배 늘어난 현상이다. 현실 세계에서 주목받지 못하는 사람들이 외로움을 못 견디고 계속 SNS 삶으로 도피하는, 일종의 '심리적 생존 추구'라고 정신의학과에서 말한다. 전문가들은 최근 아이부터 어른까지 사회 전반적으로 나타나는 괜찮은 척하는 허세 현상을 집단주의적 문화 결과라고 분석한다. 서양의 경우 개인의 행복과 내적인 측면의 발전, 잠재력의 실현에 관심을 갖는 개인주의가 발달한 반면, 우리나라의 집단주의 문화는 타인의 인정이나 평가가 중요한 삶의 요소로 받아들여진다.

이제 괜찮은 척하는 시대는 지났다

아파도 건강한 척, 슬퍼도 슬프지 않은 척, 힘들어도 힘들지 않은 척,

괜찮지 않은데 괜찮은 척 하는 것은 그만큼 기댈 곳이 없기 때문이다. 어렵고 힘든 예기치 못한 상황이 닥치면 자기 연민이나 상처, 슬픔, 두려움, 의심 등이 마음의 습관을 타고 나타난다. 이런 것들에게서 괜찮은 척하며 그 현실 자체가 유감스럽고 믿기지 않는다. 인정하고 싶지 않은 것이다. 시간이 지나 겪고 있는 문제를 되새겨보면 모든 문제는 마음이 해결책이라는 것을 깨닫는다. 상처받은 감정을 다스릴 수 있는 것은 자신에게 달려 있다. 육체가 전부가 아닌 마음의 존재다. 괜찮겠지 하는 마음의 습관은 자신에게 달려있다. 나 자신을 희생자로 만드는 마음의 습관에서 벗어나자. 의식 있는 마음으로 자신을 바로 보고 더욱더 나은 나를 만들자.

일상생활에서 나보다 더 나을 것이 없는 이들을 돌아보는 것도 좋다. 그들에게 두려움과 걱정 대신 존경과 배려하는 마음으로 대하자. 여유 있는 마음의 진정성으로 대하는 미소는 두려움과 걱정, 근심을 사라지게 한다. 밝고 긍정적인 시선은 모든 것이 감사하고 평온해지는 것을 느끼게 한다.

괜찮은 척하는 것도 마음의 습관이다. 어떤 문제들에 부딪혀서 앞이 캄캄하여 보이지 않을 때, 겪어왔고 성공했던 마음의 에너지를 들여다보라! 문제의 산을 잘 넘을 수 있는 길잡이가 된다. 무엇보다 의식적으로 마음을 긍정 에너지와 연결하기 위한 노력이 필요하다. 두렵고 우울함이 아닌 사랑으로 보려고 하자. 또한 마음의 풍요로움으로 모든 괜찮지 않는 마음을 비우라. '할 수만 있다면'이 아닌 '나의 에너지 모든 근원'에 감사하라. 그리고 예전의 나와 같은 주변 사람들에게 나의 기쁨을 전하라. 우리가 겪었던 괜찮은 척했던 마음의 습관이 문제가 되었던 마음에 반드시 해결책을 제시해주라. 당신의 마음이 해결책이라는 것에 연결을 유지하라. 의식하는 믿음을 반복하는 체험은 행복한 삶이 되는 습관이 된다.

04

마음의 습관에는
숨어 있는 나쁜 패턴이 있다

남들에게 좋아 보이지
않아도 괜찮다.

누구에게나 나쁜 습관은 있다

모 방송국의 드라마에서 시작한 "꽃길만 걸어요."라는 말이 얼마 전부
터 "꽃길만 걸으세요."라는 말로 유행한다. 가능할 수 없는 현실을 꿈꾸
라는 말인가? 표현하는 자신은 그 길을 걷고 있다는 것인가? 단순히 듣
기 좋은 말을 뛰어넘어 생각을 상상하라는 심오한 말인가? 살면서 꽃길
만 걸을 수 없다는 것은 누구나 아는 말이다. 문제는 '마음의 습관'이다.
누구나 일정한 패턴의 무의식적인 마음의 습관이 있다.

우리는 어떤 문제 상황이 발생하면 습관적으로 종결하는 무의식적인 진행 패턴이 있다. 물론 본인 위주의 꽃길을 걷고 싶은 마음이다. '괜찮을까?', '괜찮을 거야', '그 봐, 역시 그렇잖아' 부정적 생각은 긍정으로 바꿨으나 역시 부정으로 끝나는 일들을 살면서 많이 겪는다. 그런 일들을 겪으며 자신만의 마음속 일정한 패턴으로 자신도 모르게 습관이 되는 마음이다. 의외로 그 패턴이 정답처럼 맞을 때가 많다. 더욱 고착화되어 인지 습관과 인성으로 인격이 되는 상황이다. 정반대의 현상이 일어나면 '그럴 수도 있지 뭐.' 하며 고민하지 않고 이율배반적인 합리화를 한다. 그것이 마음의 꽃길을 걷는 것일까? 감정은 많은 다양한 합리적 가면을 쓰고 나타난다. 부정적인 감정을 긍정으로 포장하여 '뭐 내 일이 아니니까', '알아서 하겠지 뭐' 위선된 속내를 숨긴 위장으로 상대의 마음만 맞추려한다.

　이 관계성은 일시적 순간은 통과하겠지만, 진실한 관계성을 갖지 못하는 것을 안다. 사람은 누구나 미움 받고 싶지 않은 마음이 있다. 그러다 보니 지나치게 상대에게 신경을 쓴 결과 자신이 모호해진다. 자연스러운 감정으로 받아들이지 못한 나머지 인간관계에서 소극적인 마음이 될 수밖에 없다. 쉽게 피곤해지며 그 자리를 벗어나고 싶은 마음이다. 타인을 배려한다는 장점도 있지만, 내면에는 나쁜 패턴의 마음 습관이 형성된다.

　외식업 사업을 하면서 나는 인간관계에서 많은 상처를 받은 나머지 사람을 믿지 못하는 습관이 생겼다. 특히 사업 초기 경력 있는 중견 간부 입사 면접을 볼 때 지원자의 프로필을 보고 입사시켰으나 너무 실망하는 일이 많았다. 리더십 부족과 계획적이지 못한 중구난방 업무 수행을 보며 난감한 때가 너무 많았다. 최선을 다해야 하는 직장 업무보다 조금이라도 급여를 더 받을 수 있는 곳이라면 서슴없이 떠나가는 그들이었다. 업계에서는 그들을 일명 '철새'라고 불렀다. 회사의 급성장 속에서 한두 번도 아닌 상처를 받다 보니 성실한 새로운 직원을 뽑기는 정말 힘들었다. 그러다 보니 나의 마음은 나쁜 패턴이 생겼다. 우선 부정적인 마음으로 '이 사람은 몇 달 근무자일까?' 생각한다. 일손이 아쉬워 채용은 하지만, 그 마음의 습관은 패턴으로 이어졌다. 처음부터 그들에게 나쁜 인상을 주지 않으려고 노력했다. 좋은 인재를 얻기 위해 회사 비전과 현재 일어나고 있는 직원들의 대우를 말한다. 함께 할 수 있는 동기 부여를 열심히 설명하고 빨리 결정하고 벗어나고 싶었다. 정규 직원이 300명 될 때까지 직접 면접을 보았다. 그 인원이 되기까지 수많은 면접을 보아야 했다. 좋은 직원도 있었다. 정말 회사와 함께 호흡하며 성장하여 좋은 결과를 만드는 인재들이다. 그 직원들을 보면 어둡고 나쁜 마음은 보람으로 바뀌고 미소가 나왔다. 반면 '괜찮을까?', '괜찮을 거야', '그 봐 역시 그렇잖아' 하는 패턴은 쉽게 없어지지 않는 나만의 마음 상처가 되었다. 이 마음은 결코 좋은 것이 아니라는 것을 안다. 나를 피폐하게 만드는 나쁜 감정에서 벗어나고 싶었다.

자신이 잘 알고 좋아하는 마음의 패턴을 만들어라

마음의 습관이 자신을 만든다. 아무리 좋은 사람과 행복한 생활을 하며 즐겨도 자신이 가졌던 마음 습관이 있다. 갑자기 예기치 않은 문제의 상황이 닥치면 내재되었던 무의식적인 습관화된 방법으로 문제를 종결하려 한다. 좋지 못한 인간관계로 불행한 삶을 사는 이도 마찬가지다. 어릴 때 좋지 못한 환경과 주변의 영향은 성장 과정에서 여러 문제들을 나타내는 것과 같다.

학교를 다니며 때마다 이어지는 시험을 준비하는 습관도 여러 형태다. 시험을 대비해 예습과 복습을 잘하여 시험 준비를 하는 사람이 있다면, 그렇지 못하는 다양한 이들도 있다. 코앞에 닥쳐서 벼락치기 밤샘 공부하는 이들도 있으나 아예 지레 포기하는 이들도 있다. 직장생활에도 상사가 요구하기 전에 미리 준비하고 노력하며 애쓰는 이도 있지만, 그렇지 못한 이도 있다. 그렇다고 그들을 모두 나쁘다고 말할 수 없다.

살아오며 늘 상처받고 행복하지 못한 우울한 삶을 살아왔다면, 역시 모든 일을 대할 때 부정적인 감정이 숨어 있다. 제대로 대우 받지 못하고 성장한 존재감은 이후 사회에서 자신의 이익을 따라 쉽게 변한다. 마음 속에 습관처럼 숨어 있는 패턴이 있기 때문이다.

회사는 모래성을 쌓는 것 같은 인재 편입에 허덕일 수밖에 없었다. 입사한 직원들 의식과 실무 교육을 위해 전국 사업장 지역 현직 대학교수들을 고문으로 초빙하여 정신과 직능별 교육에 돌입했다. 그들의 천성적·후천적 마음의 습관을 바꾸어 의식 확장으로 회사와 함께하는 인재가 되기를 위함이었다. 그럼에도 처음부터 효과는 나지 않았다. 강물을 막아 둑을 쌓는 심정으로 돌을 던져 넣는다고 할까? 그만큼 굳어진 마음의 습관을 바로잡기는 힘들었다. 다만 허물어지는 속도가 좀 더뎌졌다. 누구나 근속 2년을 넘어서면 해외연수를 보내고 위로여행을 회사 비용으로 보내며 견문을 넓히려고 했다. 그때 알았다. 인재의 다양하게 표출되는 인성은 적극적·긍정적 습관으로 자신의 이름이 브랜드가 되기를 원한다는 것을!

희망이 보였다. 철없어 보이던 전문대 갓 나온 사회 초년생이 인식의 전환으로 어엿한 직장인으로 성장해가는 것이다. 반면 첫 단추를 잘 끼워야 하는 것처럼 그렇지 못했던 환경의 직장에서 이곳저곳 철새들처럼 떠다녔던 인재는 또 습관적으로 떠나갔다. 철새처럼 떠나가는 그들 유형은 대부분 비슷한 형태의 사람들과 첫 직장에서 만나 사회생활을 했던 적이 많았다. 사람은 어떤 환경과 어떤 사람을 만나는가에 따라 인식하는 감정이 습관이 되어 인성을 형성하고, 그러한 인격이 자신의 미래를 만드는 것을 볼 수 있었다.

나쁜 감정 패턴을 좋은 패턴으로 방향 전환하라

마음의 습관은 자신을 좋은 감정 패턴으로 만드는 것이 중요하다. 이 사회의 정의를 구현하는 일보다 먼저 개인의 올바른 인식 전환이 습관을 형성하여 성공된 삶을 이어간다. 현대인들은 불안한 생각이 많다. 경쟁적인 사회에서 뒤지지 않으려고 자신이 지닌 특성을 제대로 내세우지 못하고 유행처럼 한 방향으로 가려고 한다.

더 빨리, 더 많이, 더 좋은, 그러기 위해서는 자신만의 특별한 무엇이 있어야 하는 것처럼 행동한다. 조급한 마음이다. 때로는 우울하고 나보다 남들이 더 좋은 것들이 많은 것 같은 느낌이다. 좋은 감정을 실천하는 과정들을 보면 여지없이 자신이 생각하는 숨어 있는 마음의 나쁜 패턴이 있다. 제대로 된 노력과 실력보다 쉽고 편하게 원하는 것을 얻고 이루려는 것이다. 그들의 마음을 자신이 말하지 않으면 누구도 알지 못한다. 다만 결과만 있을 뿐이다.

시간이 흘렀다. 3년 동안 힘들었지만 자신과 회사를 믿고 열심을 다한 직원들에게 회사는 더욱 발전하는 혜택을 제안했다. 몇몇은 전문학사를 학부학사로 진학하게 하고 모든 비용과 근무 조건을 다 맞춰주었다. 개인은 결코 쉽지 않은 자신과의 싸움이며, 회사는 인재를 위한 도전의식이었다. 늦가을 들판의 알찬 곡식을 위해 농부는 자신이 해야 할 일을 제대로 해야지만, 그에 맞는 날씨와 자연의 조건이 중요한 것과 같다.

조건과 형편, 상황이 안 되는 모범사원은 개인 명의의 차량을 선물로 주며 출퇴근이 원활하도록 특별 지원을 했다. 그들이 만약 인성이 변하지 않고 떠나간 나쁜 습관의 패턴에 물들어 철새처럼 갔다면 있을 수 없는 일이었다. 철새처럼 떠나간 그들은 일시적인 만족을 주는 것 같아도 그 기간은 3개월이었다. 그들은 또 다른 먹이를 찾아 떠나는 철새가 되는 마음의 나쁜 중병에 걸린 패턴이 있기 때문이다.

마음의 습관에는 숨어 있는 나쁜 패턴이 있다. 어떻게 인생을 꽃길만 걸을 수 있겠는가? 마음의 도피처이며 희망사항이 아닐까. 드라마 같은 삶도 있을 것이며 하고 싶지 않았던 실수로 우울할 수도 있다. 마음이 주는 습관적인 숨어 있는 나쁜 패턴을 이어갈 것인가? 상처 입었던 아픔을 억지로 바꾸려 하지 말고 이해하고 인정해보라. 남들에게 좋아 보이지 않아도 괜찮다. 자신이 단점이라고 생각한 것을 강점으로 만들자. 상대를 너무 의식하여 예의바른 척, 소극적일 필요는 없다. 아닌 것은 아니라고 말하라. 부정을 위선으로 가면적인 긍정을 하지 말고 당당하게 자신을 드러내는 용기가 필요하다. 당신의 인생은 예전보다 훨씬 밝고 사랑이 많은 풍요로운 마음의 좋은 습관이 된다.

05

남의 감정에 휘둘리면
삶이 불행해진다

나는 내 인생의
설계자다.

상대에게 맞춘다고 행복해질까

출근하려고 마지막으로 거울 앞에 섰다. 쉬지 않고 달려온 시간이 쏜살처럼 지나간 것 같다. 미약하고 브랜드도 알려진 것 없이 시작한 사업을 모두가 죽을힘을 다하여 이제 정상 궤도를 넘어 성장의 가속도에 진입했다. 수도권과 지방 중소도시 웬만한 지역까지 직영점이 30개가 넘었다. '북 치고, 장구 치고, 칼춤 춘다 했던가?' 그런 시간들이었다. 크고 작은 일들이 수없이 발생시키는 문제들을 사명자처럼 헤쳐 나왔다.

그때 휴대폰이 울렸다. 본부 재무 담당자가 "대표님, 국세청에서 세무조사가 나왔습니다." 한다. 나는 "언제요?", "아홉시 출근과 동시에 본부와 전국 모든 사업장에 몇 명씩 들이닥쳤어요." 한다. 나는 잠시 멍했다. 시간이 멈춰진 현상이다. 불과 2년 전에도 나와서 그때 큰 액수의 벌금과 추징금을 냈다. 그 후 당시 업계의 관행처럼 해오던 회계를 투명하게 하기 위해 최선을 다해 이행하고 있는 중이었다. 사업하는 사람은 국세청 세무조사 하면 치명적인 결과를 낳는 일이 허다했다.

신속히 출근하니 우리는 완전 죄인이 된 것 같다. 본부 직원들의 컴퓨터는 세무조사원의 재빠른 손놀림으로 모든 정보를 다운 받으며 선임 대표인 내게 다가와 옆에 있는 금고문을 열라고 한다. 나는 "90일 1차 세무조사 받은 지 채 2년도 안 되었는데 왜 또 나왔습니까?" 하니, 자료를 제시하며 "내부 고발입니다." 한다. 나는 번개처럼 스쳐 지나가는 기억이 떠올랐다. 설마?

두려움을 지니지 않고 살고 있다는 것은 어떤 의미일까? 자신의 인생을 내일 죽어도 좋다는 각오로 최선을 다해 살거나, 반대로 송두리째 내팽개치고 사는 것이다. 나는 내 인생의 설계자다. 누구나 타인의 어떤 감정에도 휘둘리지 않고 살고 싶어 한다. 책임자는 모두를 위하는 옳은 방향이라면 어떤 상황에도 최전방 전쟁터 소대장처럼 공격하며 나가야 한다. 소대원에게 공격하라고 뒤에서 외치는 소대장이 있겠는가. 그렇다면 그 소대는 적에게 전멸 당하고 말 것이다. 먼저 총알받이가 되어 앞서 뛰어가고 기어가고 뒤에 오는 소대원들에게 팔로우를 외치는 조직에게는 무엇도 두려워하지 않는 정신이 있다.

자신의 인생을 설계했다면 실현하기 위해 때로는 누구의 말이나 감정에 귀를 막고 감정을 드러내지 않아야 한다. 주변에서 비아냥거리는 사람도 있다. '쟤네들은 미쳤어, 그게 가능한 일이야?', '웃기는 소리하고 있네.', '두고 봐, 얼마나 버틸지.' 대다수의 사람들은 처음에는 오기로라도 버틴다.

그러나 가중되는 문제의 상황에서 더 이상 견디지 못한다. 모두가 포기하고 좌절할 때 강한 의지로 끝까지 이겨내어 승리하는 조직이 있다. 그들은 주위의 어떤 말에도 귀 기울이지 않고 자신만의 길에 최선을 다하는 냉철한 이성이 있다.

두 번째 맞는 90일의 세무조사에서 어제까지 써왔던 30여 권의 개인 다이어리까지 모두 압수당했다. 뉴스 영상에 나오는 파란색 박스에 본부와 전 지점의 모든 서류와 컴퓨터에 내장된 모든 것들을 압수당했다. 이미 이번 주 모든 스케줄을 예정대로 진행해야 하는 과정에서 전국의 모든 사업장이 이와 같은 일을 당했으니 얼마나 놀랐겠는가. 그렇다고 마냥 손놓고 있을 수 없었다.

당장 전국 모든 지점에 예정된 일에 차질 없도록 '업무협조전'을 보내고 어디서부터 어떻게 해야 할지 모르는 업무 조치를 고심했다. 문득 문득 있어서는 안 되었던 '인재'를 떠올리며 치밀어 오르는 분노를 억누르며 한편으로는 아무런 일도 없었던 것처럼 일해야 했다.

최고 책임자와 수시로 부르는 참고인 조사는 피를 마르게 했다. 분명히 탈세는 잘못이지만 과거 모든 업계는 관행처럼 해왔고, 그 잘못이 1차 조사에서 법적인 잣대에서 홍역을 치렀다. 홍역 후유증을 감소시키기 위해 향후 5년 내 모든 것을 바로잡으면 된다는 전문가의 조언으로 열심히 이행하고 있었다. 날벼락을 맞은 회사 분위기는 "거 봐, 내가 뭐랬어. 안 된다고 했잖아." 하는 비아냥거림이 뒤통수를 치는 것 같았다.

많은 세무 브로커들이 어떻게 알았는지 제각기 해결책이 있는 것처럼 죽은 시체에 달려드는 하이에나처럼 맴돌았다. 회사는 사적인 개인 자금이 전혀 없었다. 아무리 적극적인 정신력으로 버텨왔지만, 매출과 예약율은 감소되고 가려진 이면을 조금만 열어보면 세무조사로 인한 휘둘리는 감정이 드러났다.

소리 없는 부정적 요소들이 미소 지으며 서서히 분위기를 장악해갔다. 그동안 회사는 한 번도 세금을 줄여 달라 하지 않았다. 정기적으로 납부할 세금 액수는 전문 세무 회계사가 제시하는 금액을 냈을 뿐이다. 그러나 법적인 잣대에는 그 전문가들은 아무 잘못이 없었다. 모든 것은 법적 서류의 대표자에게 책임이 고스란히 전가될 뿐이었다.

문제의 상황을 만나면 현대인들은 지식이나 경험, 인터넷을 통해 자신에게 적합한 해답을 찾아 자신을 방어하며 상황을 타개하려 한다. 법리적인 문제는 창의력이 있다고 되는 것은 아니다. 이미 법적인 제약이 정해져 있다. 그렇기에 어떤 이는 백그라운드를 이용한다든지 물질로 보상하며 축소하고 은폐하려다 들통나는 경우가 허다하다.

제아무리 성실하게 제대로 한다 해도 사회 구조에는 허점이 있다. 법적 규범에 말도 안 되는 것이 정상이 되기도 하며 그렇지 못하는 일도 있다. 교묘히 법리적인 문제를 악용하여 본인의 이득을 취하는 부류도 있다. 그들에게 휘둘리면 당연히 삶은 불행해진다. 때로는 어쩔 수 없이 동조해야 하는 일이 있다. 개인의 생각과 이념은 그들이 원하는 방향으로 흘러가야 할 때가 있다. 당연히 독립성은 결여되고 주관이 약화된다. 자신의 주관과 계획은 무산되거나 어려워진다. 어떠한 상황에서도 자신을 믿는다는 것은 어려운 일이다.

무엇보다 타인의 감정에 이끌리지 않고 주관적인 내 인생의 주인공이 되어야 한다. 그러기 위해서는 자신이 해야 할 일을 직시해야 한다. 왜 해야 하는지 이유를 파악하고 깊이 생각하되 자신만의 주관을 뚜렷이 해야 한다. 충분한 정보 습득으로 자신만의 방법과 길을 보는 것이다. 자신을 계발하는 동기 부여는 새로운 힘을 일으키는 동력이 된다. 즉 자기 인생의 설계사가 되는 주인공이 되는 뜻이다.

아픈 만큼 성장하는 자존감

　아픈 만큼 성장하는 것이라 했던가? 우리는 아픔 속에서 누군가 콕 찌르면 터질 것 같은 두 번째 90일의 세무조사 기간을 보냈다. 그동안 많은 변화가 왔다. 세무조사가 시작된 며칠 후 숨어 있던 복병이 터졌다.

　엎친 데 덮친 격으로 붉은 머리띠를 두른 노동조합이 탄생한 것이다. 그들의 목소리는 정상인이 보면 정상적이지 않은 개인의 이권이 포장된 조직이다. 가뜩이나 어려운 회사 사정을 더 곤혹스럽게 내몰았다.

　회사는 그들의 감정에 휘둘릴 수 없었다. 겉으로는 정상적인 영업을 하며 한편으로 세무조사와 노동조합을 대처하며 '괜찮은 척!' 아무런 일도 없는 것처럼 해야 했다. 마치 '벙어리 냉가슴 앓는 것'이 이것이 아닐까 하는 심정이었다. 노동조합은 회사를 모함하며 말도 안 되는 억지와 유언비어를 퍼트렸다. 그들의 주장과 카페 댓글은 자아를 상실할 정도였다. 노동조합 단체에 가입된 이름들을 보며 지난날 좋았던 표정을 생각하면 소름끼치는 아픔이 마음을 찔렀다.

나는 그 당시 유한양행 창업자 '고 유일한 박사'를 떠올렸다. 존경했다. 어떻게 그렇게 하실 수 있었는지 경외심이 들었다. 모든 일이 시작이 있으면 끝이 있듯이 이 일도 끝이 보이기 시작했다. 과거 회사가 직원들에게 했던 좋은 혜택과 복지는, 회사의 입장이었지 법리적인 부분에서는 해주어야 하는 아무런 조건이 아니었다. 힘들었지만 그때에 회사가 그렇게 하지 않았다면 그들도 철새가 되어 떠나가고 짧은 기간 내 자신들의 성공은 있었을까?

그들은 법적인 힘과 조건으로 회사를 압박하고 행동으로 시위하며 자신들을 유리한 감정으로 만들었다. 회사는 그들의 감정에 휘둘리지 않고 노조 협상에 최선을 다하며, 세무조사 협조와 연초에 계획했던 목표를 이루기 위해 삼중고에서 참 많은 고난과 고통을 당했다. 회사는 전문가의 의견도 있었지만, 부정적인 인성이 조직에 미치는 영향을 많이 겪었기에 그들의 요구를 들어주는 최대한의 방안으로 그들을 완전 분리시켰다. 더 이상 그들의 감정에 휘둘려 방향을 잃고 남은 여러 직원의 행복을 망치고 싶지 않았다. 몇 개의 지점과 모든 것을 그들에게 넘겨주고 결별을 했다. 그리고 나머지 효율적이지 못한 지점 폐쇄와 함께 새로운 각오를 하며 새로운 길을 걷기로 했다.

우리는 어떠한 나쁜 상황에 직면하면 해결하려는 의지와 인지한 생각을 정리한다. 개인적인 일도 있지만 큰 조직의 일도 있다. 문제 상황의 원인과 함께 방어를 하려 한다. 상대의 공격 감정에 휘말린다면 최악의 상황으로 자신을 잃어버린다. 반면 해결해야 하는 문제를 안고 있다. 남의 감정에 휘둘리며 삶이 불행해지지 않으려면, 먼저 주관을 갖고 내 인생의 주인공이 되라고 말한다. 상대의 감정에 이리저리 휘둘리면 결국 자기의 주관은 상실되고 상대의 감정에 휘둘려 삶이 불행해진다.

자신만의 고귀한 존재성으로 원칙과 견해를 세워보라. 문제 상황에서 자신의 감정으로 무엇을 할 수 있는지 경험으로부터 자유로워져라. 상대의 감정에 민감하게 반응하지 않아야 한다. 문제 감정에 어떻게 해야 할지 결정하는 순간 당신 자신이 지켜야 할 정체성을 찾게 된다. 개인이든 조직의 문제이든 해결해야 할 일을 알 수 있는 것은 무엇보다 자신이다. 감정의 원칙을 지키는 일은 무엇보다 중요하다. 남의 감정에 휘둘리지 않는 내면의 소리를 이해하며 내일을 위해 당당히 나아가라고 말한다.

06

내 감정은
나의 것임을 잊지 말자

무엇보다 자신의 감정이
소중한 것이다.

타인의 감정에 맞추는 인생을 살지 않으려면?

우울하고 불안한 감정 없이 살 수 없을까? 누구나 좋아하는 사람으로 자신의 감정대로 살 수 없는 것일까? 어려운 상황을 만나도 내 감정을 지키며 믿는 것은 가능할까. 매 순간 생각과 함께 인지하는 감정을 느끼며 그에 따라 표현해야 하는 일은 항상 좋은 결과만 있는 것은 아니다. 우리는 사는 동안 이 현실을 벗어날 수 없다. 때로는 내 자신도 알 수 없는 감정에 휩싸이기도 한다.

예상치 못하게 발생하는 문제 앞에서 매번 '내 감정은 나의 것이야' 하며 대응하는 사람은 없다. 그저 살아오며 경험했던 습관대로 반응하며 심각하지 않은 것처럼 할 뿐이다. 반면 매 순간 부정적인 생각이 든다면? 고민이 많을 것이다. 내 인생인데 누구보다 신나야 하는데 그렇지 못하고 우울하고 불안하다면 불행한 일이라고 할 수 있지 않을까. 항해와 같은 인생을 우리는 어떤 감정으로 살아야 할까. 자기감정을 잘 조절하며 인간관계에서 원활한 삶을 사는 일은 참 어려운 일이다. 다만 깊게 생각해보지 않고 살기 때문에 모른다. 정말 심각한 문제가 발생했을 때 감정을 어떻게 해야 할지 몰라 고민하지만, 자칫 잘못된 결과가 된다.

나는 오랫동안 내 마음이 주는 괴로운 생활을 해왔다. 급기야 늘 존경하던 윗분이 구속되어 잘못된 것이 나 때문이 아닌가 하는 우울함이 있었다. 다른 사람들은 저마다 괜찮아 보이건만, '나는 왜 이럴까?' 하며 마음 아픈 시간들이었다. 특히 그 잘못되어진 몇 년간 정말 행복하지 못한 삶을 곁에서 보며 힘들었다. 정해진 짧은 시간의 면회 때 창문 너머로 나누는 대화에서 상대는 전혀 말을 안 하지만, 그보다 나은 상황에 있는 나는 행복하지 못했다.

'내가 그때 좀 더 잘했더라면, 저렇게 되어 있지 않아도 되지 않았을까?' 하는 편하지 못한 감정이었다. 상대의 상황이 나보다 훨씬 좋았다면 그렇지 않았을 것이다. 안타까운 문제의 좋지 않은 결과에 결부된 내 감정이었다. 다른 이들은 '언제 그런 일이 있었느냐'는 듯 아무렇지도 않아 보였다. 나는 그럴 수 없는 마음으로 몇 년의 시간을 보내야만 했다. 나중에야 알았다. 그분은 나에게 나쁜 감정이 없었다는 것을! 그 후에야 나의 마음은 편해지고 내려놓아졌다.

고민하며 사는 것은 당연하다

살면서 고민 없는 사람은 없다. 모든 순간, 생각이 주는 감정을 선택하며 살아야 한다. 깊이 생각하지 않고 무의식적으로 아무렇지 않게 행동하는 일도 있다. 자신에게 불리한 감정은 애써 외면하거나 덮어버리려고 하기도 한다. 개개인의 특성을 보면 정답은 없다. 그렇게 살면서 실수와 실패를 겪으며 누군가와 상처를 주고받고 아픔을 느낀다.

한편 자신의 감정을 바르게 이해하고 조절을 잘하는 이들도 있다. 좌절과 실패를 냉정히 바라보고 오히려 성공하는 인생을 이루는 초석이 되는 감정 선택을 한다. 반면에 안타깝게도 그렇지 못하는 일들이 있다. 자신을 이해하지 못하고 부정적 감정으로 되는 것을 볼 수 있다. 그들은 부정적 감정이 드러나는 이유를 잘 이해하지 못한다. 즉 자신을 인정하지 못하는 결과다. 어떤 일에 도전하는 것은 자신의 의사 결정이며 자신이 책임져야 하는 감정이다. 그것을 받아들이지 못하는 것은 불행한 일이다. 쉽게 좌절하고 분노의 감정을 나타낸다. 아무것도 이루려 하지 않았다면 아무 일도 없었을 것이다. 최선을 다해 그 일에 도전했다면 그 결과가 좋지 않아도 자신을 인정해야 한다.

한참의 세월이 흐른 후 나는 철이 들었다고 해야 할까. 상대는 전혀 생각하지 않는데 혼자 끙끙거렸던 내재한 감정이었다. 나는 한번 이어졌던 인간관계 상대가 잘못되어지는 과정을 바라보는 아픈 감정이 컸다. '나를 원망하느냐고 말해서 물어볼까?' 하는 궁금증이 내심 있었지만, 오랜 시간 동안 나 자신을 들여다보았다.

상대에게 더 아픈 상처를 주지 않으려 애쓰며 나 자신에 대한 깊은 생각이 나를 성숙하게 만드는 느낌을 받았다. 내가 궁금하다고 상대의 마음을 헤아리지 않고 마구 물어보지 않았다. 확인하려 하지 못했던 아픈 배려의 마음이었다. 한편 아무렇지 않게 내려놓지 못하는 내 자신이 답답하기도 했다.

흔히 요즘 젊은 연인들 사이에서 사랑하는 감정을 즉시 확인하려는 마음들을 본다. 사람의 감정은 단순하지 않기에 확실하지도 않은 감정을 그때마다 정답처럼 말할 수 있는 사람이 얼마나 있을까? 생각이 못나서도 아니고 자신의 감정에 대한 이해와 연습을 해보지 않았기 때문이다. 물론 순간적인 위선된 감정으로 표현할 수 있다. 진정으로 사랑하는 이에게는 쉽게 아무렇지 않게 감정을 말할 수 없다. 무엇보다 자신의 감정이 소중한 것이다.

살면서 우리는 많은 일들을 보고 겪는다. 자신의 위치에서 묵묵히 최선을 다하며 오랜 시간 힘들게 일하는 사람보다, 대충하며 성실하지 못한 이가 더 빨리 성공할 때도 있다. 부유하지 못하고 배움도 별로 없는 부모 밑에 공부도 잘하고 효성도 지극한 자녀를 둔 가정도 있는 반면, 남부러울 것 없는 조건에도 그렇지 못한 자녀를 둔 가정도 있다. 그들의 결과들이 주는 감정들은 그들의 것이다.

누구나 생각나는 감정을 모든 일에서 그대로 주장하며 살아갈 수 없다. 그러나 자신의 감정이 공평하고 합리적으로 이루어져야 한다고 생각하는 사람은 많다. 합리적이지 못하고 불공평한 일이 자신에게 발생하면 상처받은 감정은 부정적인 심리로 변한다. 더 나빠지면 항상 불공평한 세상을 원망하며 인생을 낭비하며 탄식한다.

자신의 감정이 합리적이고 공평하길 바라는 마음이 잘못된 것은 아니다. 좋지 않은 결과를 겪을 때마다 부정적인 감정으로 변한다면 문제다. 나와 같지 않은 남들의 생각이 다르다고 내 생각이 틀린 것은 아니다. 모든 생각하는 감정은 같을 수 없다. 기분 좋지 않은 합리적이지 못한 감정을 수용한다 하여도 모두 부정적인 감정이 발생하는 것은 아니다. 다만, 문제의 상황을 이해하고 인정하며 받아들일 때 자신이 편안해진다.

나의 감정은 내가 결정한다

나는 작은 일에도 상대가 나를 어떻게 생각할까 하여 망설이는 소심한 새가슴이 있다. 지금도 어떤 일에 SNS를 보내기 전 다시 확인하고 고치는 버릇이 있다. 행여 실수하여 상대의 마음이 언짢으면 어쩌나 하는 우려다. 상대가 묻는 말에 답변을 하고선 더 잘하지 못해 돌아서서 후회하는 때가 있다. 특히 인간관계에서 어떻게 하면 상대에게 맞는 제대로 된 관계성을 가질지 늘 고민한다. 그러다 보면 혼자가 편안할 때도 있다. 상대에 대해 신경 쓰지 않아도 되니까.

오랜 시간 사업을 하며 나의 감정보다 상대의 생각과 감정에 더 많은 신경을 썼다. 직원들에게, 손님에게, 다양한 관계들에서 말이다. 나 자신에 대하여 깊이 생각하려 하지 않았다. 가끔씩 마음이 많이 혼란할 때면

영화를 보고도 영화의 의미가 전혀 마음속에 남아 있지 못한 적이 많았다. 나다운 것과 행복이라는 대답이 어울리지 않는 짜증나는 마음 습관으로 몇 년 시간을 보냈다. 사업을 그만두고 나빠진 건강으로 우울과 허무함이 지속되어 감정 조절이 어려웠다.

어느 날 한밤중에 무작정 차를 끌고 동해안으로 갔다. 첫 새벽 바다, 싸한 코끝 바닷바람과 아우성치는 파도를 향해 '나는 무엇을 찾는가?' 하고 외치며 울었다. 지나간 일들로 나를 우울하게 했던 감정들을 바다 위에 띄웠다. 많은 일에 상처받고 나 자신이 나를 사랑하지 못했던 과거의 나를 돌아보았다. 지난 시간들의 상처를 가슴에 끌어안고 있는 것을 미련 없이 내려놓는 계기가 됐다.

과연 나는 나답게 살고 있을까? 나의 삶을 행복하다고 생각하는가? 나다운 것, 나의 행복을 자신에게 물어본다면 망설이지 않고 '그렇다'라고 선뜻 대답할 수 없는 질문이다. 살면서 우울한 일은 겪지 않을 수 없다. 우울한 감정은 그 문제 자체가 아니라 받아들이는 생각의 감정이다. 어떤 일에도 개의치 않고 힘들지만 긍정적으로 헤쳐 나가려는 부류가 있다. 감정 조절을 잘하는 건강한 사람들이다.

반면 사소한 작은 일에도 예민하고 우울하여 감정 회복 탄력이 낮은 사람은 자신의 감정을 잘 다스릴 수 없다. 그들은 자신의 감정보다 상대의 감정에 더 많은 신경을 쓴다. 있는 그대로의 자신을 인정하지 못하는 결과다. '착한 사람', '마음씨 좋은 사람'이라는 자신도 모르는 콤플렉스는 극복해야 할 과제다.

자신의 감정을 있는 그대로 받아들이지 못하고 나의 존재감을 알지 못한다면 자칫 우울하고 불안하다. 좋지 않은 일이 있으면 누구나 잠시 의기소침할 수 있다. 감정회복력이 좋은 사람은 짧은 시간에 회복하지만, 좋지 않은 사람은 우울한 감정이 오래 지속된다. 어떤 문제의 상황에서도 '나의 감정은 나의 것임을 잊지 말자.' 타인의 감정에 휘둘려 살아간다면 언제까지고 자신이 원하는 삶을 살아갈 수 없다.

상대로부터 내 감정이 상했다면 단호하게 표현하여 부정적인 감정을 청산하라. 나의 감정의 주인은 온전히 나이다. 상대의 상황이 나의 감정을 지배하게 둔다면 자신의 자아와 존재감은 상실된다. 내 감정은 나의 것이라는 것을 잊지 말아야 한다.

07

괜찮은 척하며
상처받는 사람들의 공통점

언제까지 상대에게
좋은 사람이고 싶은가?

자신을 억누르면 생각이 변할까

　괜찮은 척하며 '이해하면 될 거야', '잘해주면 될 거야', '내가 손해 좀 보면 되겠지', '내가 참으면 될 거야' 그러면서 왜 상처 받을까? 상대와 얘기하면서 하고 싶은 말이 있지만, 기분을 살피느라 하지 못하는 감정이다. 때로는 관계가 좋지 못하면 자신에게 잘못이 있나 하여 불안한 마음도 든다. 거리감을 두고 유지하려 해도 잘되지 않는다. 상대를 생각 않고 마음대로 하는 인간관계는 버겁고 힘들다.

때로는 오지랖이 넓다는 주변의 평도 있지만, 그렇게 하지 않으면 마음이 편하지 않다. 그런 후 만족하고 즐거워야 하는데 왜 괜찮지 않을까? 직장이나 가정에서 가족이나 친구 사이에서 이러한 것들로 고민하는 일들을 본다. 결국 거의가 인간관계다. 좋아하는 감정을 어떻게 표현할지 모르고 상대방을 생각하며 한 일들도 부담스럽게 느낀다면 고민된다.

회사에서 착하고 성실했던 직원이 어느 날 사무실 베란다 뒤편에 숨어 숨죽이며 울고 있다. 그냥 못 본 체하고 지나면 저 직원이 계속 근무를 할 수 있을지 걱정되어 달래어본다. J는 딸이 셋인 집에 둘째로 태어나 위로는 언니니까 참아야 하고, 동생은 막내니까 달래주어야 하는 이도 저도 아닌 것 같은 자신이 때로는 싫다고 했다. 그 직원은 항상 보이지 않는 그림자 같다는 느낌이다.

워낙 성실하고 내성적이었기에 참 좋은 직원이라고 생각했다. 문제는 고객과의 관계에서 직원으로서 회사의 입장을 대변하여 업무를 깔끔하게 처리하기 힘들어하는 것이다. 고객의 억지에 어떻게든 잘해보려 하지만 너무 잘 헤아리고 배려하려 했다. 무의식적으로 상대방 입장을 우선시하여 회사 입장을 난처하게 한다. 자신보다 타인을 우선으로 하여 자신의 입장을 소홀히 하는 것이다. 특히 돈과 관계가 있는 업무는 그녀를 더욱 난처하게 했다.

그러지 않으려 하지만 잘되지 않는다는 J의 말을 듣고 상대를 배려하는 좋은 심성을 칭찬한다. 어릴 때부터 습관화되어온 환경 속에서 부모님은 칭찬했지만 자신은 편하지 않았다는 것이다. 그녀의 성격은 섬세하다. 가정에서 가족을 배려하는 일이 기쁨이었던 그녀는 사회에서도 희생하게 되고 자신은 뒷전으로 밀려나는 현상을 겪고 있었다.

소심함이 주는 상처를 대범함으로

섬세함으로 괜찮은 척하며 상대보다 자신을 소홀히 여기는 사람이 있다. 장점이라면 나보다 타인을 배려함이다. 상대를 우선시함으로 때로는 기쁨을 주기도 한다. 그렇지만 자신의 일은 소홀하여 좋지 않은 결과를 낳는다. 마음은 원치 않지만 상대의 부탁을 거절하지 못하고 애써 괜찮은 척한다. 그로 인해 자신이 원하는 바를 하지 못한 채 그대로 있다. 나중에 뒤돌아서 자신의 자존감 없는 공허함은 어떨까.

그들의 특징을 보면 인간관계를 어떻게 맺어야 하는지 어려워한다. 지나치게 타인을 의식하여 자신감이 결여돼 있다. 상대를 너무 의식한 나머지 자신을 어떻게 생각할지에 대한 걱정이다. 내 마음은 그것이 아닌데 자신을 비판하거나 부정적인 사람으로 볼까 봐 불안하다. 때로는 바보로 무시당할까 내심 두렵기도 하다. 항상 혼자가 아닌 다른 사람들과 있는 것이 편하고 나를 알고 있는 모든 사람들에게 실망을 주어서는 안 된다고 생각한다.

자신감이 없어 좋은 장점을 알지 못하고 비하한다. 그렇기에 화가 나도 자신을 꾹꾹 누르며 참는다. '행여 사람들이 나를 싫어하면 어쩌나' 하여 감정이 힘들어도 괜찮은 척한다. 애써 숨기는 마음이 상대에게 드러나면 싫어할까 봐 걱정하는 감정이다. 어릴 적부터 자신의 의견을 감추고 부정하는 습관이다. 상대를 배려함으로 '자신이 좋은 사람'이라는 것을 듣고 싶어 하는 성향이다. 어쩌면 사회에서 이용당하기 딱 좋은 상처받는 사람이다.

앞서 그 J 여직원은 지방 출신으로 객지인 우리 회사에 입사 후 기숙사 생활을 했다. 또래의 여자들만 있는 기숙사는 언제나 제각기 개성으로 복잡하다. J는 무엇보다 청결하지 못한 것이 이해되지 않았다. 그녀는 늘 말없이 청소하고 정리정돈 하지만 억울한 마음이다.

처음엔 모두 칭찬했지만 차츰 자신의 행동이 사람들에게 당연시 되는 것이 속상했다. 어쩌다 짜증 내면 '별일이야' 하는 표정들을 짓는 걸 보고 그들을 적으로 만들기 싫어 아무 말하지 않는다.

회사 일에서도 동료의 일까지 자신의 일처럼 솔선수범하였지만 동료들에겐 큰 호응을 얻지 못하는 자신이 싫었다. 돌아서서 때로는 속상해했지만 자신의 본질적인 문제에 대한 감정을 냉철하게 들여다보지 못한다. 회사는 그 직원의 좋은 성향을 위해 멘토를 정해주었다. 그리고 그녀에게 꾸준한 관심과 자신만이 지닌 특성의 장점을 당당하게 누리라고 했다.

상대에게 너무 잘해주려고 하지 말라고 부탁했다. 자신이 아무리 도움을 주고 싶어도 꼭 필요로 하는 일에만 도움을 주라고 한다. 처음에는 쉽지 않은 감정 조절로 우울해하기도 했다. 시간이 지나면서 표정과 행동이 달라진 J는 얼마 후 모범 우수사원으로 뽑혀 같이 입사한 동료보다 먼저 승진하였다. 해외연수 후 소감에서 눈물을 흘리며 지난 과거 자신이 가졌던 성격을 말하며 부끄러워하지 않은 그녀를 본다. 단점을 강점으로 바꾼 스토리는 모두를 감동시키는 일은 좋은 일이다.

자기 자신을 잃어버리는 일은 즐거운 일이 아니다. 단점을 단점으로 인정하지 않고 오히려 장점으로 전환하는 것은 쉽지 않다. 상대방의 옳지 않은 말을 부정하지 않고 지지해줌으로써 관계가 나빠지지 않는다면 자신을 속이는 것이다. 좋은 사람으로 평가받고 싶은 강한 의식이 자신에게 어떨 것인지 생각해보아야 한다. 상대는 자기 마음대로 다룰 수 있는 만만한 사람으로 볼 것이다.

상대방을 지나치게 배려한 나머지 내 안에 자아가 사라지게 되는 것은 불행한 일이다. 겉으로만 좋아하는 척, 괜찮은 척하는 것은 자신을 기만하는 것이 아닐까? 나보다 상대방이 우선시되는 일이 계속된다면 소중한 자아를 잃어버리게 된다. 자신은 없고 상대만 존재하는 것이다. 예전에는 이런 사람을 '팔푼이'라고 표현했다. 어쩌면 속을 알 수 없는 무서운 사람이라고도 했다. 그들은 사회생활 속에서 진정한 자유를 누릴 수 없다.

한 번 괜찮은 척하면 계속되는 공통점

나 역시 예전에 지나치게 상대를 의식한 나머지 상대가 나를 어떻게 생각하는지 몰라 불안해하던 때가 있었다. 특히 큰 면적의 건물을 임대하려고 협상하는 과정에서 있었던 일이다.

한 달에 수천만 원씩 임대료를 내야 하는 건물을 렌트하기 위해 사전에 많은 정보와 장단점을 비교하고 준비한다. 일단 나를 싫어하지 않도록 준비하는 분위기에서 겉으로는 괜찮은 척 한다. 많은 긴장을 하며 마지막 결단 앞에는 개인의 자아보다 회사가 먼저가 된다.

아무리 마음에 들지 않아도 여유 있는 웃음으로 응대한다. 사전에 조율을 어느 정도 했지만 그들의 비위를 맞추며 만족한 협상을 이끌어내기란 쉽지 않다. 수용하기 어려운 문제도 있다. 우리의 의견이 성립되지 않을 때 후일을 위해 항상 좋은 인상은 필요하다. 이런 경험을 하다 보면 나 자신은 없는 유체이탈 한 느낌이 든다.

상대방의 말 표현 하나에 신경을 쓰며 놓칠 수 없는 관심에 집중한다. 끝나고 돌아서면 감정이나 에너지가 고갈된 느낌이었다. 보이지 않는 팽팽한 거리감은 어쩔 수 없다. 잘못 판단한 실수는 너무나 큰 영향을 미친다. 어쩌다 한 번씩 발생하는 일이니 참을 수 있었지만 개인의 일로 인한 잦은 감정이라면 견딜 수 없다.

자신의 정체성을 잃지 않고 괜찮은 사람으로 살아가는 것은 누구나 쉽지 않다. 하지만 상대에게 좋은 사람 되기를 포기하면 어떻게 될까? 우선 얽매였던 괜찮은 척했던 감정에서 자유로워진다. 무엇보다 당당해지기 때문이다. 마음껏 자신의 생각대로 행동하며 그로 인한 만족감으로 예전의 감정에서 벗어날 것이다. 그런데 의외로 괜찮은 척하며 당당하지 못한 인간관계로 힘들어하며 지쳐 있는 사람들이 많다.

언제까지 상대에게 좋은 사람이고 싶은가? 때로는 어쩔 수 없는 상황이 있을 수 있지만, 그런 삶을 살고 싶지 않을 것이다. 자신은 원하지 않지만 업무상 관계성을 두어야 하는 일도 있다. 불편한 관계를 적극적으로 사회적인 관계성을 이어가야 할 때도 있다. 개인과의 관계성에도 원하지 않는 감정으로 어쩔 수 없이 함께하지만 혼자이고 싶은 감정도 있다. 어떻게 하면 나 자신의 감정이 편안하고 나답게 주변 사람들과 잘 지낼 수 있을까?

자기감정을 억누르면서까지 희생하며 상대에게 맞추어야 할 필요가 얼마나 있을까? 무리하게 상대에게 맞추어야 할 필요는 없다. 의리나 인정 따위의 관계에서 괜찮은 척하며 상처받는 일은 자신을 피폐하게 만든다. 상대와의 관계에서 최선을 다해야겠지만, 무엇보다 중요한 것은 당신이다.

괜찮은 척 상처 받으며 모든 것을 상대에게 맞추려는 것은 배려가 아닌 희생이다. 가치 없는 일에 자신을 억누르고 상대를 배려하는 것은 오히려 불편하게 만든다. '좋은 사람'에서 벗어나 약간의 냉정해 보이는 정도가 좋다. 무엇보다 자신을 우선시하며 하고 싶은 것을 해야 한다. 타인의 감정에 휘둘리지 않는, 자신이 중심이 되는 존재하는 감정은 중요하다.

2장

-

오늘부터

가짜 감정에

속지

않기로

했다

01

대인 관계
소극적인 태도에서 벗어나라

내 인생 주인공은
누가 뭐래도 나 자신이다.

소극적인 태도라고 나쁜 것인가?

소극적 태도라고 인간관계에서 좋지 않은 약점일 수만 있을까? 사회적 활동을 할 때 소극적인 태도로 인한 불이익이 있다면 타개할 수 있는 비법은 없을까? 소극적 태도라고 부정적이고 상처를 받을까? 소극적인 사람이 없고 적극적인 사람만 있다면 이 사회는 어떻게 변할까? 조직에서 어떤 상황을 해결하려면 적극적이라고 다 잘할 수 없다. 개인의 특성을 소극적인 태도가 단점이라고 한다면, 누구나 적극적인 사람과 인간관계를 하려 할 것이다. 사회는 왜 적극적인 사람을 선호할까? 적극적인 성향도 단점은 있다. 단순히 적극적이어야만 되는 것이 아니다. 적극에는 긍정적 적극성·부정적 적극성이 있다. 소극적도 마찬가지다. 어떤 상황에서 적극적일 수가 없다면 소극적으로 될 수밖에 없다. 단순히 소극적 태도라고 불이익과 상처를 받는 것은 안 될 일이다.

예전 회사를 운영할 당시 인성의 중요함을 충분히 알았다. 선발하는 입사 지원자들에게 인적성 검사를 했다. 조직은 적극적·도전적이며 낙관적인 인재가 절실히 필요하다. 제아무리 인성 교육을 하고 노력해도 소극적이고 부정적인 인성은 변화시키기가 너무 힘들었다. 조직의 힘을 빼고 부정적 분위기는 순식간에 적극적 인성을 무너뜨리는 것이다. 힘든 업무를 지속하면 정신력의 한계는 있다. 그럴 때 소극적이고 부정적인 성향은 조직에 치명타를 준다.

특히 부하를 둔 상위 직급자의 인성은 너무 중요하다. 직원들의 부정적 성향으로 인해 무너진 조직을 일으켜 세우는 것은 많은 시간과 지속적인 에너지가 소비된다. 그로 인해 간부 직원은 '직무능력과 적성검사'를 했다. 시간을 정해놓고 다양한 회사 직무 문제와 인성검사에서 답변을 보며 지원자의 성향을 알 수 있었다. 다행히 많은 도움을 받았던 기억이다. 긍정적이며 적극적인 도전 에너지는 더욱 큰 에너지를 생성했다.

이렇듯 인적성에 의한 객관적인 평가가 있다. 소극적이어서 자신이 하고 싶었던 일들, 가고 싶었던 직장을 들어가지 못하는 것은 분명 불리한 일이다. 문제는 자신의 성향을 제대로 인지하지 못한 채 살아간다면 어떻게 될까? 많은 인간관계에서 오는 불리함으로 더욱 부정적 감정으로 위축되어 소극적이 된다. 그들은 늘 불평을 달고 사는 것을 본다. 더욱 우울하고 불안한 감정으로 때로는 자신의 의견을 알아주지 않으면 분노하며 화낸다.

진정한 자신이 원하는 감정이 아니라면, 상대를 원망하기보다 자아의 소극적인 감정을 들여다보아야 한다. 사람은 누구나 좋은 인간관계를 누리고 싶어 한다. 그러나 소극적인 태도의 사람은 자신이 지닌 내적인 문제의 자아를 들여다보지 못하는 경우도 있다. 습관화 되어버린 부정적 감정은 자신의 개성으로 위장된 나쁜 감정이다. 그들은 내재된 감정을 제대로 느끼지 못하고 표현하는 방법을 모르기 일쑤다.

이들은 자신의 감정을 잘 안다고 생각하지만, 제대로 알지 못한다. 불편한 감정을 느끼면 올바르게 표현하기보다 꾹꾹 누른다. 억압하면 표현되지 못한 감정은 남아서 자신이 표현되기를 바란다. 자신을 무의식적으로 억압한다. 그것은 자신을 지키기 위한 소극적인 감정이다. 반면 자신이 느끼는 감정을 인지하고 표현을 하면 문제의 소극적 감정은 사라진다.

많은 투자로 개설한 지점의 지점장 위치는 무척 중요하다. 단순히 정직하고 성실함만으로는 훌륭한 지점을 만들 수 없다. 회사의 방향에 맞추어 이념 기준에 부합해야 한다. 어느 날 점장 교육에서다. 점장의 역할은 회사로부터 인재, 물건, 자금과 정보를 맡아서 구사하여 고객을 만족시키고, 직원의 사기를 이끌어 최대의 이윤을 추구하는 것이라고 했다. 적극적이고 도전적인 인성이 아닌 소극적 성향은 절대 이뤄낼 수 없는 일이다.

회사는 그들에게 "무엇을 위해 일하는가?" 물으며 점장의 일하는 보람과 목표를 분명히 하라 했다. 그러기 위해선 최고 경영자의 경영 이념과 창업 정신, 회사의 존재 가치를 알아야 한다. 자신이 어떤 존재인지를 알고 고성장기에 회사는 '생각하는 사람', 지점은 '실행하는 사람'으로 일의 중요성을 인식하는 이해가 첫째임을 강조했다. 보다 적극적인 성향이 아니면 '실행하는 사람'이 불가능한 일이다.

사회에서 원활한 인간관계의 첫 번째로 인성을 꼽는 것은 그만큼 중요하기 때문이다. 가정의 가족관계, 직장, 단체 개인 간의 관계를 비롯한 많은 일들이 있다. 어떤 상황에서 일순간은 위선적으로 적극적 행동은 할 수 있다. 자신의 생각과 모든 것이 드러나는 관계에서는 적극적이지 못한 위선된 성향은 오랫동안 숨길 수 없다.

소극적인 감정을 누르며 억압하며 산다면 어떻게 될까? 가정의 가장이 제아무리 최선을 다해 성실한 삶을 살고 자신의 위치에서 가정을 지켰다지만 가족이 자신을 환영하지 않는다면 불행하다. 성실함만으로 자신을 억누르는 감정을 가족에게 사랑보다 권위로 군림한다면 가족은 아무도 좋아하지 않는다. 사람의 감정이 성실한 논리만으로 되는 것이 아니다. 감정을 무시한 의지의 강함이 주는 권위에 상대는 소극적인 태도를 나타낸다.

소극적인 태도의 인간관계에서 벗어나는 유형은 있다. 문제의 위기를 만났을 때 자신의 내면을 세밀하게 알아내고 적극적인 좋은 감정 변화를 위해 노력하면 성공한다. 반면 소심하고 억압된 감정을 회피하여 조직의 효율성을 중요하게 생각하는 이도 있다. 자신의 일에 몰두한다. 즉 소심한 감정을 피해 일하는 것으로 도망하는 것이다. 그들은 자신의 감정은 어느 정도 해소되지만, 성공하는 것 같아도 무너지고 만다.

자신의 감정에 당당하면 인생이 바뀐다!

연말에 직원들에게 본인이 받고 싶은 희망 연봉을 직접 써서 제출하라고 했다. 자신 있게 즉시 제출한 얼마의 직원 외에 마감일이 다 되도록 서로 미적거린다. 회사는 각자 자신이 얼마 정도의 연봉자가 되는지 생각해볼 수 있는 마음의 기회를 주고 싶었다. 사람들은 저마다 자신에게 더 많이 유리한 것을 좋아한다. 그러나 사회는 냉정하다.

자신이 몸담은 회사에 기여도라 할 수 있는 실력을 체크해볼 수 있는 기회다. 회사는 도전적이고 적극적인 성향의 인재에 늘 아쉬워한다. 적극적인 직원들은 위기일 때 위기로 보지 않고 오히려 기회로 생각한다. 회사는 그들에게 더 높은 대우를 해주길 원했다. 결국 20%의 적극적인 직원이 80%의 직원을 이끌고 있는 현상이다. 회사는 더 많은 좋은 성향을 원했다. 사람의 심리는 잘하는 몇몇 조직이 있으면 함께 묻어가고 싶어 한다.

적극적이고 좋은 성향의 직원이 많고, 부정적이고 소극적인 직원이 적으면 그 소극적 직원은 자신도 모르게 변화되는 것이 조직의 힘이다. 그와 반대의 현상으로 무너지는 조직과 적극적인 조직을 분리하기란 쉽지 않다. 특히 자신의 속내를 나타내지 않는 마음의 문을 닫은 소극적 직원을 변화시키는 일에는 많은 에너지 낭비를 한다. 그러기에 사회는 인적성이 전부는 아니지만 객관적 평가로 좋은 인성을 선호한다.

자신을 억압하며 소극적인 태도를 벗어나지 못하고 있다면 어떻게 할 것인가. 자기감정의 주인이 되는 결정권을 사용하지 못하는 것과 같다. 남들이 좋아하고 원하는 좋은 것만 택한다면, 자신의 삶은 무의미함과 마음의 고통이 있을 뿐이다. 어떤 일에 절대적인 평가나 판단의 기준은 없다. 다만 소극적인 자신의 태도를 변화하기 위해서는 결정을 내려야 한다. 상대를 납득시킬 수 있는 자신이 지닌 장점 감정을 적극 활용해야 한다.

우선 상대방이 아닌 자신의 소극적인 자아를 면밀하게 들여다보자. 잘 못되어 습관처럼 나타냈던 억누르던 감정을 이해했다면 단호한 결정을 해야 한다. 어떤 문제에서 단호하지 않은 애매한 표현으로 생각 없이 자기 마음의 중심을 함부로 표현하는 것은 안 된다. 상대와 자신의 관계에서 능력을 통한 동일한 점을 찾아보라. 상대가 오해하지 않을 자신의 적극적인 의견으로 설득해야 한다. 소극적인 태도에서 벗어나는 것은 감정 노력이다.

상대가 돈이 많고 높은 위치에 있어도 그들은 그들일 뿐 나 자신은 아니다. 그만큼 자신이 소중하다. 당신의 삶을 세상에 휘둘리며 타인에 의해 소극적으로 살아간다면 어떻게 될 것인가? 자신에게 주어진 인생의 주도권을 잃는 것이다. 한 번뿐인 인생을 나의 의지와 상관없는 소극적인 관계 때문에 헛되이 보내지 않아야 한다. 내 감정을 보다 적극적으로 나를 위해 사용하자.

대인 관계의 소극적인 태도에서 벗어나려면 내가 원하는 감정을 선택해야 한다. 자신의 감정을 억누르며 소극적 태도로 살지 말자. 무엇보다 내 인생 주인공은 누가 뭐래도 나 자신이다. 단호히 결단하고 작은 문제부터 시작하라. 먼저 말하는 표현부터 시도하자. 그 과정에서 적극적으로 행동하라. 감정을 선택하는 주체는 자신이라는 것을 잊지 말라.

02

미움 받고 싶지 않은
마음에 애쓰지 마라

인정해주는 사람이 없어도
행복한 삶을 살 수 있다.

좋은 사람이란 말을 듣기 위해 애쓰는 감정

사회는 성공하는 메커니즘에 빠져있다. 인생에서 직장과 가정에서 크고 작은 단체에서 흔히 나타나는 증상이다. 그래야만 자신이 인정받는 삶이 될까?

그들은 전반적으로 유행하는 언어 표현 방식이나 자신의 외모를 더욱 돋보이게 하려고 많은 노력을 한다. 미움 받지 않기 위해 젊은 여성들은 날씬한 몸매를 위한 다이어트로 절식과 금식도 서슴지 않는다. 애쓰며 자신이 목표한 성공을 위해 어떠한 상황도 멈추게 하지 못하는 일도 있다.

집단적인 심리에서 이탈되지 않으려는 몸부림일까. 저마다 자신이 아는 지식으로 최선으로 사는 것이 성공일까? 물론 성공할 수 있다.

"사이코 사이버네틱스(Psycho-Cybernetics)란 정신적인 자동 유도장치라는 의미로서, 맥스웰 몰츠(Maxwell Maltz) 박사가 만든 단어이다. 인간의 뇌는 미사일의 자동 유도장치와 같아서, 자신이 목표를 정해주면, 그 목표를 향해 자동으로 유도해나간다는 개념이다."

성공 메커니즘은 긍정적인 자아 이미지로부터 나오고, 실패 메커니즘은 부정적인 자아 이미지에서 비롯된다고 한다. 자신이 세운 성공의 목표를 향해 나아가는 과정에서 상대에게 자신만 아는 이기주의로 인식된다면 어떻게 될까?

자본주의 경쟁 사회에서 성공하려면 차별적인 전략으로 틈새시장을 공략해야 하는 것이 우리 회사의 입장이었다. 회사가 추구하는 성공하는 메커니즘으로 누구나에게 공평하게 주어진 시간을 어떻게 사용할 것인가를 집중 계획한다. 주변의 경쟁사들은 벌써 우리 회사 지점 개설을 견제하고 나름의 필살기를 찾아 재빠르게 움직인다. 우리는 결단하고 집중하며 성공하는 메커니즘으로 목표를 달성하는 계획을 세운다. 인원이 많다고 잘되는 것은 아니다. 경쟁사들의 어떤 전략에도 우리의 길을 가는 것이다. 타자가 100개의 안타를 칠 때 수비진이 손 못 대는 깨끗한 안타는 몇 개가 될까? 모두 성공하는 것은 아니다. 그들을 집중 분석하고 틈새시장을 찾아 차별화된 마케팅 전략으로 전력 질주하는 것이다. 외식업체의 특성은 '맛있다', '넉넉하다', '깨끗하다', '신속하다', '즐겁다'가 중요하다.

불평(complain)을 표현하는 고객 25%는 돌아올 수 있는 가망 고객이다. 문제는 침묵하는 75%의 고객은 돌아오지 않는다는 것이다. 불평을 표현하는 고객의 송신을 수신자(직원)가 상대의 표현 외 α(알파)의 감정과 태도를 헤아리는 마인드가 필요하다. 여기에서 부자 마인드를 가져야 한다. "무엇을 도와드릴까요?" 하는 자세이다. 순간을 벗어나려 해서는 안 된다. 진정한 도움을 주고 싶어 해야 한다. 단순히 미움 받고 싶지 않은 마음으로 애쓰는 것은 아니다. 미움을 받는 것은 기분 좋은 감정은 아니다. 누구든지 고의적으로 미움 받으려 하지 않는다. 그러나 자신의 의도와 반대로 상대가 자의적인 감정으로 미워한다면 괴롭다. 스쳐가는 문제라면 별 상관하지 않아도 된다. 절친한 관계에서 일시적인 오해가 아니고 문제의 상황이 일어난다면 어떻게 해야 할까 고민된다. 우울한 마음을 감추기 위해 애써 명랑한 척해본다. 그럴수록 내면에서 부정적인 감정이 솟아오른다.

의식하지 못한 자신이 느껴지는 감정이 아닌 일에 웃지 않아도 될 상황에서 크게 웃게 된다. 절친한 관계에서 애써 그렇게 하지 않으면 안 될 것 같아 마음에도 없는 행동도 한다. 예를 들어 남들이 다 우니까 울지 않으면 이상해 보일까 봐 같이 울고, 화날 때 화내지 않으면 이상해 보일까 봐 더 큰소리로 화를 내는 것도 마찬가지다. 주체적이지 못한 쉽게 흔들리는 감정으로 내재한 분노와 불안을 숨기기 위한 단순한 가면이다. 타인의 마음에 들기 위해 부정적인 감정을 억누르고 위장하려는 적극적인 노력이다. 주변의 분위기에 휩싸여 이러지도 저러지도 못하는 감정의 덫에 걸린 형태다. 하지만, 억눌린 부정적 감정은 표현할 수 없기 때문에 한층 더 우울해진다. 그로 인한 자신의 마음을 감추기 위해 더욱 쾌활해 보이려 한다. 이들은 상대의 행동에 지나친 의식으로 자신의 감정이 좌우되는 악순환을 한다.

소신이 필요한 적극적인 감정을 표현하라

감정은 자신의 소신이 필요하듯, 외식업 조직은 규칙이 무너지면 오합

지졸과 같아진다. 오감을 만족시키지 못하는 고객 응대는 진정성 없는 육체와 같다. 이들의 유독 중요한 일은 고객과의 커뮤니케이션이다. 그러기 위해서는 내부의 의사소통이 먼저 원활하게 이루어지지 않는다면 실제 상황에서 혼란을 겪는다. 직원은 회사의 시스템 안에 있어야 한다. 업무시간 중에는 개인의 감정은 회사 원칙 안에서 업무를 이루어나가야 한다.

간혹 원칙의 중심에 서야 할 책임자가 일탈하는 감춘 감정이 있다. 허위적인 행동을 위장하기 위해 보고를 지나치게 의식한 나머지 거짓 보고서를 작성 송부하는 일이었다. 잘못된 보고서는 얼마 지나지 않아 드러났다. 흡사 방학이 끝날 때쯤 몰아 쓰는 형식적인 일기처럼 말이다. 한심한 안타까움으로 책임자 위치를 강등시킨 사건이다. 일시적으로 잘 보이기 위해 일탈한 형식적인 거짓 행위가 주었던 실망감이 컸던 일이다.

조직에는 규칙과 원칙이 있듯이 개인에게는 자신이 지닌 생각하는 패턴이 있다. 주변이나 조직에서 인정받기 위해 가식적인 행위는 시간이 흐르면 드러난다. 인생도 그렇다. 자신의 생각과 감정을 숨긴 채 상대를 의식한 나머지 솔직하지 못한 결과다. 실패했던 경험의 부정적인 감정을 자신의 생각과 무관한 적극적이지 못한 어중간한 말로 에둘러서 표현한다.

'그냥 괜찮아 보였어요.', '썩 괜찮지도 않았어요.'라는 말로 상대를 의식한 상처받고 싶지 않은 표현을 한다. 내면은 부정적인 마음이면서 긍정적인 듯한 감정을 표현하는 가짜 감정이다. 타인으로부터 인정받으려는 욕구다. 부정적인 감정을 제대로 표현해낼 수 없는 마음이다. 이들은 아무에게도 미움 받고 싶지 않은 마음을 애쓰다 보니 자유로워질 수 없다.

문제의 현실에서 자신에게 보다 적극적으로 자신을 표현하는 솔직한 이들은 있다. 타인에게서 받고 싶은 인정욕구에서 벗어나 당당하게 자신의 삶을 산다. 진짜 자신이 하고 싶은 감정으로 산다. 자신의 감정과 타인의 감정을 잘 구분한다. 내면의 진짜 감정을 이해하고 타인의 감정으로 인하여 하나뿐인 자신의 감정을 낭비하지 않는다. 매사 자신에게 쏟아질 비난 받을 각오로 나 자신에게 집중한다.

누구나 내면에 크고 작은 상처는 있다. 그 상처가 준 아픔은 많은 시련으로 좌절하며 힘들게 한다. 미움 받고 싶지 않지만 주변과 사회로부터 버림받은 느낌을 경험하기도 한다. 자연히 세상과 타인을 신뢰하지 않게 된다. 자신을 보호하기 위하여 미움 받고 싶지 않은 애쓰는 마음이다.

사업하던 당시 회사는 책임자들에게 자신만의 '카리스마'를 지니라고 교육했다. 많은 지점의 점장의 위치는 중요한 위치였다. '사장이 직접 하듯 점장이 하라', '자신감을 가지라'고 독려한다. 사람들이 자발적인 참여로서 충성스럽게 따르고 행동하도록 하게 하는 힘은 책임자의 '카리스마'다. 회사는 책임자의 어떠한 형태의 리더십이라도 올바른 결과를 요구한다. 모두가 합심하여 그런 저력들이 회사를 10년 동안 1500배의 성장 신화를 만들었다.

그들은 참 최선을 다했다. 한때 부정적이던 감정들이 하나로 동화되는 최고 경영자의 리더십이 하부에서 하부로 내려갔다. 어느 부서 어느 위치에서도 자신이 맡은 업무에 대한 자긍심이 대단하였다. 어떻게 시간이 가고 오는지 모르며 서로 눈치 보지 않는 당당함으로 업계에서는 '신흥 종교 집단' 같다는 유언비어가 떠돌았다.

사회에는 자신만의 '카리스마'로 조직을 훌륭하게 리드하는 사람들이 있다. 그들은 자신이 비록 훌륭한 스펙과 환경이 아니지만 조직에서 신뢰를 받는다. 자신만이 지닌 실력, 개성과 특성으로 신뢰받는 인간미가 '카리스마'로 변한 것이다. 그들은 누구의 비난이나 미움에 애쓰지 않고 자신만의 길을 당당하게 가며 따뜻한 인간미를 지니고 있다.

자신을 인정해주지 않는다고 행복하거나 성공하지 못할까? 인정해주는 사람이 없어도 행복한 삶을 살 수 있다. 우선 상대의 눈치를 보지 않길 바란다. 우리는 살면서 모든 사람에게 인정받을 수 없다. 상대가 '나를 미워해도 괜찮다'는 용기가 필요하다. 조직이 성공하려면 자발적으로 따라올 수 있게 하는 리더십이 필요하듯, 개인 역시 자발적인 자신을 리드하는 의식이 필요하다.

살면서 우리는 생각하는 감정을 표현하는 많은 말들이 있다. 자신이 지닌 내적 감정을 표현할 때 상대방 눈치를 보면 자신의 인생을 리드하지 못하게 된다. 자신의 속마음을 숨긴 채 두리뭉실하게 하거나 맞장구치는 마음으로 언제까지 자신을 속이며 살 수 없다. 상대를 너무 의식하여 미움 받고 싶지 않은 마음에 애쓰지 마라. 내 마음은 나의 것임을 명심하자.

03

진짜 감정을 감추기 위해
상대를 속이지 마라

선악을 생각하지 않고 상대방 기분에 따라서
할 말을 골라 하는 것을 아첨이라고 장자는 말한다.

상대에게 진짜 감정을 숨기지 마라

처음 본 단순한 거래 관계라면 진짜 속내를 숨기고 상대에게 좋은 말만 할 수 있다. 문제는 상대에게서 속았다는 느낌을 받는다면 어떨까? 일면식도 없었던 타인에게 당했다면 왕창 기분 나쁘지만 어쩔 수 없는 본인의 불찰이 아닐까. 주변의 관계에 자신의 이익을 위해 고의적으로 진짜 감정을 감추고 상대를 속이고, 속내를 들킨다면 어떻게 될까? 원만한 인간관계가 이어질 수 없다.

매사 자신이 느끼는 감정들을 '이것은 진짜 내 감정이야.', '아냐, 이 감정은 숨겨야 해.' 하며 감정마다 매번 물어보고 생각하며 사는 이가 있을까? 대부분 살면서 무의식적인 감정으로 그때마다 습관처럼 처리하던 감정대로 산다.

프랑스 작가 폴 부르제(Paul Charles Joseph Bourget)가 한 "생각대로 살지 않으면, 사는 대로 생각한다"는 말을 생각해본다. 그동안 살아오며 많은 사람들을 만나고 한 가지 깨달은 것이 있다. 성공한 인생을 사는 사람들은 하나같이 자신의 생각대로 살았지만, 힘든 인생을 사는 사람들은 주어지는 현실대로 급급하며 살아간다.

내가 사업하는 동안 전국의 사업장을 돌아보면서 망해가는 지점들을 보면 하나같이 위의 말처럼 일하는 대로 생각하는 것이다. 그들은 그때마다 변명한다. 말로는 그럴듯하나 아니었다. 문제가 있는데 본부에 보고하지 않고 고의적으로 감추었다. 회사의 시스템이 처음에는 감지하지 못하지만, 곧 드러나는 상황이 된다. 단순한 개인의 실패도 힘들지만 회사는 난감하다.

회사에 불평불만을 얘기하지 않고 해결 방안을 마련하는 그 조직은 문제의식이 있는 훌륭한 조직이다. 진짜를 감추는 순간 발전이 멈추는 것을 막기 위해 조직은 미리 생각해야 한다. 해결 방안을 찾아야 함에도 숨기고 감추는 것은 경쟁력을 갖추는 개인이나 조직이 될 수 없었다. 회사는 많은 커뮤니케이션으로 좋은 팀워크를 갖추기 위해 시스템 속에서 노력했다.

위선으로 속마음을 감춘 상황에서는 결코 성공하지 못했다. 사람의 욕망은 끝이 없는 듯했다. 승진과 급여 보상은 3개월을 넘기지 못하고 당연한 것처럼 되었다. 자신이 진정한 자아로 거듭나지 않고 외부적인 요인으로 변화는 어렵다는 결론을 내었던 기억이다. 의식하지 못하는 개인과 조직은 그때마다 상황에 따라 생각한다. 현실에 급급하여 솔직하지 못한 개인도 지점 조직도 실패했다. 그로 인한 많은 정신적·물질적 손실을 내었다.

실패하는 위선된 감정은 외면당한다!

나를 만들어온 습관화된 감정은 하루 이틀에 형성된 것이 아니다. 상대의 마음을 잘 알 수 있다면 우리에게 신이 필요하지 않을 것이다. 그럼에도 사는 동안 마지막까지 생각을 해야 하고 느껴지는 감정으로 이어진다. 그래서 '인간은 감정의 동물'이라 했던가? 오랜 세월 동안 환경적 요인으로 형성된 위선된 감정은 사회생활 속에서 실패의 인격으로 나타난다. 위장된 감정으로 인간관계에서 상대에게 자신의 감정을 속이는 것은 자신을 속이는 것이다. 자신의 진짜 감정을 감추고 상대를 속이며 당당하게 자신의 위치에서 사는 것은 어렵다. 문제는 상대의 감정을 지나치게 의식한 나머지 의식치도 못한 자신의 진짜 감정을 감추는 것이다. 그 감정이 습관화된 감정이라면 어떨까? 곧 실패하는 인격의 감정이다.

그들은 불안하다. 생각이 지나치게 많아 자신의 솔직한 감정을 표현하면 상대가 자신을 어떻게 생각할지에 대한 두려움이다. 그렇기 때문에 의사소통에서 늘 자신이 없다. 포장된 마음에서 타인의 분위기에 함께 동참하기를 원한다. 주변에서 자신의 감정을 솔직하게 표현하며 원만한 인간관계를 맺는 것을 보면 부럽고 우울하다.

그러면서 더욱더 자신의 속마음을 감추기에 말하지 않으면 아무도 모른다. 늘 초조하고 짜증을 잘 내며 상대에 대한 기대가 높다. 가까운 사람일수록 기대가 크기에 자신의 기대에 부응하지 못하면 서운한 기분에 화가 난다.

옛날 왕들의 인사이동처럼 우리 회사는 아주 먼 변방 같은 지방 지점에는 회사의 방향에 맞추어 믿을 수 있고 긍정적·도전적이며 열정 있는 책임자를 발령했다. 반면 신뢰가 떨어지는 직원은 본부에서 가까운 지점으로 발령을 냈다. 먼 곳은 아무래도 자주 체크할 수 없어 가지 않고 보지 않아도 될 아끼는 인재를 발령했다.

개인이나 조직에서 위선적이며 자신의 감정을 감추는 것은 일시적인 문제는 덮어주지만 성공하는 결과는 되지 못했다. 그들은 시간이 흐를수록 기대도 낮아지며 주목받지 못했다. 기회가 오면 자신의 감정을 감추고 그럴듯했지만, 좋은 결과는 없었다. 오히려 회사를 향한 부정적인 감정으로 주변을 탓하며 동료를 괴롭힐 때가 많았다. 그럴수록 그들은 조직에서 따돌림을 당했다. 자신을 돌아보지 않고 급기야 회사를 불평하며 떠나기도 했다.

제아무리 입담이 좋고 사교성이 좋아도 위선된 감정이라면 의사소통에 한계가 있다. 위선된 가짜 감정은 거짓말에 또 다른 거짓말을 낳는다. 문제의 상황이 자신에게 유리하게 되지 않으면 합리화된 가짜 감정으로 상대를 속인다. 자신에게 유리하게 해석하여 마치 자신이 옳은 척하며 진짜 속마음을 숨긴다. 스스로에게 거짓된 마음으로 자신을 속인다.

주변에는 부족한 언변이지만 자신의 감정을 솔직하게 나타내어 상대와 소통도 잘하는 이도 있다. 그들의 특징은 상대의 이야기를 진지하게 들으며 일방적으로 떠들지 않는다. 상대에게 관심을 가지며 강요하는 말을 하지 않는다. 함께하는 감정에 공감하며 배려하여 적절한 행동을 한다. 하지만, 말주변이 없어 가끔은 입담이 좋고 말 잘하며 늘 대화의 중심이 되는 친구나 동료들을 보면 부럽기도 하다.

장자(壯者)는 말한다. "선악을 생각하지 않고 상대방 기분에 따라서 할 말을 골라 하는 것을 아첨이라고 한다." 때로는 나쁜 진짜 감정을 감추고 미소 띠며 내색하지 않아야 할 때가 있다. 기분 나쁜 것을 순간적인 표정으로 감출 수 있지만 계속해서 상대를 속이지는 못한다. 아첨으로 표현되는 것은 곧 자신의 감정을 감추고 자신과 상대를 속이는 것이다.

우리 회사가 외국에 지점을 투자할 기회가 생겼다. 중국 베이징 임해 공업단지 근처였다. 그 당시 현대자동차가 북경에 들어오기 위해 준비 과정으로 붐볐다. 서울의 20배 되는 베이징은 넓었고 그쪽의 대표자는 모든 것은 문제없으니 걱정 말라 했다. 다 알아서 처리해주겠노라며 괜찮다고 했다. '투자의향서'가 교환되고 심도 깊은 미팅의 본격적인 관계에서 차츰 그들의 심리를 알 수 있었다.

모든 투자 금액과 합작 10년 기간 방안도 협의되고 건물 내외부의 조건과 세부사항도 문제 없이 협의되었다. 나중에 안 일이지만, 될 수 없는 것도 할 수 있다며 유치하기에만 급급했다. 외국 기업을 유치하면 자신들에게 주어지는 배당금을 취하기 위해서였다. 개인의 이익에만 급급한 나머지라는 것을 알고 위선으로 포장된 그들을 보았다. 중국인에 대한 혐오 내용들이 사실로 드러나는 실망감으로 모든 것을 접어야 했다.

그들은 그러면서도 여유롭고 뻔뻔했다. '아니면 말고' 하는 식의 태도는 두 번 다시 그들과 대면하고 싶지 않게 했다.

상실된 진짜 감정 자존감 회복하기

진짜 감정을 감추기 위해 자신을 속이고 상대를 속이는 인간의 양면성을 지닌 감정은 정리되어야 한다. 진실을 회피하거나 감추는 것은 생각과 마음의 습관이다. 그는 자신도 모르게 바람직하지 않은 나쁜 패턴에 빠져 있다. 자신의 감정에 들어 있는 응어리를 표출하지 못하기 때문이다. 어릴 때부터 이어온 올바른 자아의 존재감을 상실했기 때문에 자존감이 상대적으로 낮다.

나타나는 현상으로 별것도 아닌 일에 눈치를 보며 타인의 시선을 의식한다. 환경과 조건에 따라 마음대로 변한다. 결국 이러지도 저러지도 못하여 상대적인 박탈감으로 쌓이는 스트레스는 자신을 탓하게 한다. 당신은 이런 상황이 없는가? 세상에는 일부러 그렇게 하고 싶은 사람은 없다. 속상하여 치밀어 오르는 감정을 언제까지 둘 수 없다. 그렇다면, 올바르게 자신을 나타내는 주변인에게 질투 나는 소심한 나를 억지로 바꾸려 하지 말고 인정하라.

너무 예의 바르지 않아도 괜찮다. 자신을 억압하지 않고 상대를 불쾌하게 만들지 않으면서 강하고 부드럽게 자신의 주장을 하라. 자신의 진짜 감정을 감추기 위해 상대를 속이는 것은 낮은 자존감을 더욱 미성숙하게 한다. 어둡고 아팠던 진짜 원하는 감정을 감추지 않고 상대를 진심으로 대하려면 사교적이지 않아도 된다. 자신의 생각을 솔직하게 드러내는 용기가 필요하다. 마음먹고 실천하는 과정에서 처음부터 원활하지 않을 수 있다.

때로는 자신도 모르게 무의식적인 습관으로 돌아가려고 할 때도 있을 것이다. 명심해야 할 것은 자신을 비하하지 말아야 한다는 것이다. 진짜 감정을 감추기 위해 상대를 속이지 않고, 자신을 인정하고 받아들이는 감정의 힘이 필요할 뿐이다.

04

싫은 것은
싫다고 표현해보라

외로움과 고독함으로 공허해지는
자신의 인생을 한번 생각해보라.

표현하지 못하는 아픔은 무엇일까?

정직과 솔직함은 거짓이나 숨김이 없고 꾸밈이 없이 바르고 곧다는 의미다. 어릴 때부터 부모는 자녀에게 정직하라고 교육한다. 자녀는 자신이 느껴지는 정직한 마음으로 부모님이 원하는 방향으로 맞춘다. 다소 자신의 마음에 들지 않아도 꾸밈없이 정직하게 표현하는 것이다. 반면에 솔직함은 다르다. 숨김없이 자신의 마음을 솔직하게 말하는 다소 감정이 포함되는 의미가 아닐까?

상대의 입장에서 보면 정직함이 낫다면, 자신의 입장에서는 솔직함이 주관적이다. 누군가 솔직하게 자신의 속마음을 털어놓는 것은 정직하게 말하는 것과 의미가 다르다. 자신의 감정을 잘 정리하고 상대를 배려하는 것이 정직함이라면, 솔직함은 '싫으면 싫다', '좋으면 좋다'는 감정 표현이다.

숨기지 않고 자신의 마음을 솔직하게 표현할 수 있는 이는 얼마나 될까? 솔직함은 우리가 살아가는 데 있어서 사랑하고 사랑받는 필수적인 중요한 감정 요소다. 당신은 사랑을 주고받는 사이에서 상대에게 솔직한 감정을 드러내며 표현하는가?

상대를 사랑할 때가 있으면 싫어질 때도 있다. 지금 생각하면 소심했던 옛일이다. K라는 사람은 처음에 나의 마음을 끄는 타입은 아니었다. 한동안 별다른 감정 없이 서로의 길을 갔지만 업무상 가끔 만나는 일이 있었다. 늦은 업무와 이어지는 저녁식사에서 또 다른 K의 모습을 보았다. 당시 그는 나를 다정한 연인처럼 식사하는 동안 알뜰살뜰 살피며 챙겼다. 뜨악한 마음이었지만 싫지만은 않았다.

그날 이후 우리 둘은 가까워졌지만 나는 내 감정을 솔직하게 드러내지 못했다. 나의 속내를 들킬까 봐 늘 마음 한편을 비워두고 있었다. 그와 헤어진 후 생각해보니 서로의 속내를 알 수 있는 솔직함을 공유했다면 유지되었을 관계다. 나중에 고향집에 한 번 찾아왔더라는 아버지의 말을 들었지만, 이미 나의 마음은 정리되어 있었다.

왜 좋으면 좋다, 싫으면 싫다는 솔직함이 우리에겐 힘들게 느껴질까? 나의 솔직함을 듣고 '상대가 나를 어떻게 생각할까?' 하는 부정적인 마음이다. 자신을 있는 그대로 나타내었다면 상황이 달라지고 오히려 호감을 가질 수도 있다. 솔직한 자신의 마음을 드러낸다는 것은 민낯을 보이는 것과 같아서일까? 때로는 원치 않는 감정을 상대의 감정에 동조하기도 한다. 싫은 것을 싫다고 표현 못한 감정 습관은 어쩔 수 없이 자신이 뱉은 말이 삶이 된다.

살면서 표현하지 못한 마음들은 늘 그러한 잘못 선택되었던 자신의 감정으로 괴롭다. 개선하려 하지 않으면 인간관계에 영향을 미친다. 돌아서 후회하고 답답한 자신에게 우울해진다. 계속 이어지면 자꾸만 나쁜 감정에 휘둘려서 매사에 모든 일이 힘들어진다.

살면서 제일 어려운 일이라면 인간관계다. 사회 속에서 조직과 가정의 가족 간 인간관계는 우리의 감정을 많이 좌우한다. 미움 받지 않으려고 어떻게 하면 그들과 잘 지낼 수 있는지 고민한다. 한편으로 타인의 평가에 신경 쓰지 않고 나답게 살아가면 그만이지만, '좋은 사람'이라는 굴레를 벗어나지 못하는 감정은 있다.

무능한 부정적인 감정에서 벗어나기

회사 조직이 정한 목표를 수행하는 교육 과정에서 생긴 일이다. 부정적이고 무능력해서 회사가 향하는 방향이 마음에 들지 않거나 적응이 어려우면, 이 회사에서 하차하라고 했다. 즉 '싫으면 싫다'라고. 그만두라는 말이나 같다. 부정적이고 소극적이며 무능력하면 신입사원에게 본이 될 수 없다며 질책했다. 자신이 그렇다면 더 적성에 맞는 다른 곳에서 기회를 찾고, 회사도 적성에 맞는 직원을 채용할 기회를 갖자고 했다. 서로 솔직해지자는 말이다.

당시 얼마나 속상했으면 그랬을까 생각을 한다. 만약에 퇴사 결정 후 자신을 돌아보고 새로운 각오로 돌아온다면 한 번의 기회는 다시 주겠노라고 했다. 이러지도 저러지도 못하는 솔직하지 못한 심리는 긍정보다 부정적이다. 신입사원들에게 첫 시간 교육에 늘 하던 말이 있다. 상급자라도 옳지 못하고 아닌 일이라면 '아니라'고 당당히 분명히 말하고, 시정되지 않으면 더 윗사람에게 직접 말하라고 한다. 즉 자아의 존재성을 확실히 하라는 교육이다.

우리는 어떤 상황을 만나면 본능적으로 생각하고 감정을 느낀 뒤 행동한다. 행동을 보면 그 감정의 생각도 알 수 있다. 감정의 중요성이다. 그럼에도 사회는 감정을 소홀히 여긴다. '자네 참 이성적이군!' 이 말은 칭찬인 반면, 감정적이라는 말은 비난을 뜻하는 것에 가깝다. 자연히 사람들은 의지력·정신력이 생각을 통제하고 감정을 돌보려 하지 않는다. 그러기에 자신의 감정에 솔직하지 못하다.

솔직하지 못하니 어떤 상황에서 '아니오'라고 당당하게 말하지 못하고 후회한다. 다시는 그러지 않겠노라 다짐을 하지만 매번 '예'라고 말해버리는 자신에게 화가 난다. 당신은 다른 사람의 일을 거절하지 못하고 자신이 떠안아 끙끙거리지 않는가? 끊고 맺는 것을 잘 못하는 성격 때문에 이용당하는 일이 있는가? 싫은 것을 싫다고 딱 잘라서 거절하는 일에 매우 서툴다면, 자기 생각을 상대방에게 당당하게 전달할 수 있는 방법을 찾아야 한다.

무엇보다 자신의 마음을 자신이 결정해야 한다. 내면의 감정을 인지하고 인간적이며 온전히 자신을 인식하여야 한다. 그렇지 못하면서 괜찮은 것처럼 하는 것은 표현하지 못하는 것이다. 존재의식이 낮은 부정적인 감정이다. 그들은 늘 긍정도 부정도 아닌 어중간한 표현을 잘한다. 싫은 것을 싫다고 표현하지 못하는 두루뭉술한 덩어리 같은 사람이다.

솔직하게 말하는 장점은 인생을 바꾼다!

현대사회의 젊은이들은 옛날 같지 않게 꽤 솔직하고 이성적이다. 잘못 인식하면 이기적으로 보일 때도 있다. 자신의 일 외에 다른 사람의 일은 전혀 관심을 두지 않는 냉정함이다. 당시 경영했던 우리 회사에도 젊은 점장들에게 대표적으로 나타났던 일이다.

타 지점과의 경쟁에서나 자신의 지점에서 발생하는 문제나 부탁을 자신의 업무 범위를 벗어나면 처리하는 과정이 상당히 이성적 대응으로 해결하는 것이다. 누구의 눈치도 보지 않는 당당함에 주변은 조금 움찔하지만 시간이 흐르며 그 팀들은 아주 우수한 팀워크가 형성되었다. 바로 회사가 원했던 일이었다.

반면에 상대적인 책임자의 지점은 말없이 늘 열심히 하는 것 같았지만, 성과가 나지 않는다. 사람은 나무랄 데 없이 좋았지만, 회사가 원하는 성과를 내지 못하는 현상이었다.

그들은 '아니오'라는 표현보다 늘 '네, 열심히 하겠습니다'가 답이다. 회사를 향해 요구사항도 없고 잔꾀도 부리지 않았지만, 사람 좋은 것만으로 책임을 맡기에는 역부족이었다. 자신들의 감정에 솔직하지 않음으로 인해 제대로 된 동등한 입장이 되지 못했다.

이성적인 선택과 분별력 있는 솔직한 감정으로 자신뿐 아니라 조직원에게 신뢰받는 책임자는 직장인들이라면 지향하는 모델이다. 그러면서 좋은 대우를 받고 당당하다면 살맛 나지 않을까? 반면 자신에 대해 솔직하지 못해서 받는 불이익이 자신뿐만 아닌 조직과 구성원 가정에까지 미치는 걸 보면 한 사람의 역량이 크다는 것을 알 수 있다.

자신에게 정직함보다 타인에게 괜찮아 보이는 사람이 되고 싶은 마음이 우선인지 모르지만 결국 그는 지친다. 자신은 행복하지 않으면서 남들에게만 좋은 사람인 척 보이는 것이 무슨 소용 있겠는가?

먼저 내 감정에 스스로 솔직해져야 한다. 일부러 나쁜 사람이 될 필요는 없지만, 애써 좋은 사람인 척할 필요가 있을까? 그것은 자신을 기만하는 감정이다. 무엇보다 자신의 감정에 충실하라고 말한다. 어떤 이에게 받은 마음의 상처도 내 마음이 싫다고 털어놓을 때, 기분 나빠 하면 그것은 상대의 감정이 나타나는 마음이다. 크게 신경 쓸 필요가 없다.

모든 감정을 나답게 만들어주는 표현을 해보자. 그 감정을 부끄러워하거나 두려워하지 말고 내면의 감정과 솔직하게 마주하자. 상대를 공격하거나 비난하여 상처 주라는 것은 아니다. 자신의 감정을 숨겨둔 채 싫은 것에 귀 기울이지 않고 '좋은 사람인 척' 착한 사람만 되려고 애쓴다면 자신의 자아와 존재감 상실로 힘들기만 하다.

싫은 것을 싫다고 표현 못 하는 위선된 마음으로 이루어지는 인간관계는 결국 모래성이 된다. 처음엔 우울했던 마음이 절망이 되고 불안하고 걱정되는 두려움을 넘게 된다면 어떻게 될 것인가? 외로움과 고독함으로 공허해지는 자신의 인생을 한번 생각해보라.

인생에서 하나뿐인 자신의 감정을 표현해보라고 말한다. 자신의 감정에 정직해보라. 솔직하지 못하여 고통스러웠던 소극적인 자신의 감정을 당당하게 표현하라고 한다.

'좋은 것은 좋다'고 '싫은 것은 싫다'고 자신의 감정을 표현하는 솔직해지는 연습을 해보라. 어느덧 살맛나는 기쁨과 놀랍게도 날아갈 듯한 감정이 된다. 당신의 인생에 눈물 나는 상쾌함으로 흐뭇하고 벅찬 날들이 되어보라.

05

나의 가짜 감정을
바꿀 사람은 나뿐이다

가짜 감정이 하고자 하는 일도 화를 내는 것도 열정과 욕구의 실천력이다.
가짜 감정은 인생을 가로막는 덫이라는 점을 잊지마라.

가짜 감정에 시달리는 내면의 아픔

조그마한 사업장 한쪽 테이블에서 오늘도 짜증나게 시끄러운 대화가
오가고 있다. 살면서 웃는 날만 있지 않은 것을 본다. 주인인 젊은 B 사
장은 오늘도 속상하지만 아무 말 하지 않고 옆 테이블의 손님 표정에 신
경이 쓰인다. 그녀는 한 달이면 몇 번씩 남편과 온다. 올 때마다 친한 부
부와 와서 자신의 부부 싸움 설전을 벌인다. 사장은 먼 인척이면서 단골
손님이라 딱 잘라 말도 못 하고 스트레스를 고스란히 받는다.

오늘도 역시 두 부부와 같이 와서 늘 하던 것과 같이 마주앉은 남편을 헐뜯고 옆에 있는 지인이 자신의 편을 들어주지 않으면 벌컥벌컥 화를 낸다. 남편은 체념한 듯 앞에 놓인 잘려진 고기 먹기에만 열중한다. 참고만 있는 젊은 B 사장은 이제 어느 정도 포기하는 것 같다. 장사가 감정 없는 무서운 존재 같다. 아무리 마음에 들지 않고 상식적이지 않아도 아무렇지도 않은 척하며 추가 주문이 들어오면 '네!' 한다.

그 손님의 레퍼토리는 늘 비슷하다. 음주를 하고 내뱉는 내용은 불만을 토로하며 주위를 아랑곳 않고 분노의 목소리로 말한다. 어느 정도 시간이 지난 후 남편은 밖으로 슬그머니 나가서 한참 만에 들어와 앉는다.

살면서 좋은 일만 있을 수 없는 것이 인생이다. 남남이 만나 서로 사랑하여 부부가 되고 자녀를 낳아 기르며 힘든 육아와 경제 활동을 한다. 평범한 가정의 모습들이다. 어렵고 힘든 과정에서 옛적 어머니 세대에서는 찾아볼 수 없는 일은 많다. 어렵고 힘들다고 내색도 못 했던 세대는 이제 자신의 감정을 여과 않고 쏟아내는 세대로 변화했다.

모든 이가 그렇다면 어떨까. 자신의 감정을 느껴지는 대로 폭발하는 내면에는 얼마나 많은 아픔이 있는지 타인은 알지 못한다. 오직 자신만 알 수 있다. 내면에 숨겨진 상처의 아픔을 어떤 문제의 상황을 한풀이하듯 하며 주변과 상대를 탓한다. 자신은 언제나 옳다는 것이다. 이기적이고 부정적인 가짜 감정, 가짜 얼굴이다.

문제는 거기까지만이 아니다. 아무것도 모르던 어린 자녀는 차츰 성장하며 환경에서 오는 동일한 감정을 인지하고 상처받는다. 문제는 상대가 아닌 자신의 감정 조절 미숙으로 인하여 화내는 감정이다. 바람기 많거나 술주정으로 폭력적인 가정의 자녀가 성장하며 절대로 자신은 그러지 않겠노라 마음먹지만, 어느새 자신도 같은 현상을 되풀이하는 일이 다반사로 나타나는 것을 본다.

영업이 끝나는 마감시간이 되어 주위의 권유로 가까스로 일어나 가는 문제의 테이블 손님 모습을 보고 B사장은 한숨처럼 말한다. "저렇게 하면 옆자리 지인이 언제까지 봐주겠어요?" 하며 "주변에 아무도 남지 않을 것 같아요."라고 말한다.

B사장은 불경기지만 영업을 위해 직접 나서서 일한다. 젊은 B 사장의 일상 감정은 합리적이며 논리적으로 행동하고 표현한다. 늘 자신의 감정에 솔직하려 하는 모습이다. 그러면서도 의사표현을 하기 전 늘 상대의 감정을 먼저 배려하려 한다. 선한 영향력을 나타내는 사람이다. 그렇지만 영업시간 중 각양의 다양한 취향을 가진 손님 앞에서는 특별한 일 아

니면 최선을 다하려는 자세다.

문득 나의 지난 외식업 할 때 모습이 주마등처럼 지나간다. 아무리 화나고 속상한 일이 있어도 손님 앞에서 웃으며 상냥할 수밖에 없던 일이다. 그 당시 친하던 아무개 씨는 나를 너무 가식적이라고 노골적으로 비평했다. 하루가 마무리되고 나만의 시간이 되면 나 자신의 영혼이 세상 여기저기 헤매다 겨우 제자리로 돌아와 허공 같은 마음이었다. 그나마 직업이었기에 다행이었지 싶었다.

사람은 누구나 자신만 아는 감춰진 감정이 있다. 직업으로 어쩔 수 없이 자신의 감정을 감추어야 하는 일은 있지만, 그것과 관계없는 개인의 생활에서 발생하는 내재된 감정이 있다. 내면에서 일어나는 감정이 매사 부정적이라면 자신의 감정을 살펴보아야 한다. 남들은 전혀 알지 못하는 감정이다. 그렇지만 일상생활에서 전혀 티내지 않고 모든 사람들에게 '좋은 사람'이라는 말을 듣고 싶어 하는 욕구는 강하다.

기쁜 일이나 즐거우며 문제가 없을 때는 아무런 문제가 되지 않는다. 그러나 자신의 마음에 들지 않는 문제 상황이 발생하면 화가 나고 불안하다. 그 속에서 외롭고 그로 인한 열등감은 부정적인 감정으로 변한다. 심지어 가까운 가족이나 자녀와 주변에서 갈등을 일으킨다. 폭력으로 변하는 때도 있다. 부정적인 불안함으로 정신적 피로가 높고 정신 건강에도 문제를 일으킨다.

이들은 어쩌다 자신에게 잘해주는 상대방에게 그로 인한 외로움으로 자신도 모르게 쉽게 넘어가는 경향이 있다. 남녀 관계라든지 경제 개념도 경계선을 지키지 못한다. 짧은 시간에 밀착된 관계가 된다. 서로 숨김없이 친하다는 이유로 인격적인 관계가 될까? 존중해주는 인격적인 관계가 필요하나 그렇지 못하다. 위선적인 친밀한 밀착 관계는 갈등이 발생하면 관계가 단절되거나 소원해진다. 이들의 되풀이되는 외로움은 더욱 부정적 감정이 된다.

감춰진 내면아이 열등의식 벗어나는 방법

열등감으로 인한 조직에 미치는 영향을 처음에는 별 대수롭지 않게 여겼다. 때로는 용기를 주려는 표현으로 격려도 했다. K는 결혼도 하고 자녀도 태어나 가정의 가장이라 출퇴근하기 힘들다고 회사에서 차량도 한 대 구입해 주었다. 항상 뒤에 흔적을 남기며 덜렁대긴 했지만 사람이 좋고 열심인 마음을 좋게 보았다. 윗사람으로 책임을 주었지만 실망시키는 미덥지 못한 결과가 종종 나타나기도 했다. 실수한 후에는 그에 대한 열등감으로 고개 숙이는 것이었다. 몇 년 후 회사 경비로 야간대학을 진학시키며 함께 잘해보자고 파이팅을 했다.

어느 날 갑자기 노동조합이 날벼락처럼 예고도 없이 발생하고 노동조합 위원장 이름을 듣고 아연실색했다. 실수할 때마다 열등감으로 고개 숙이던 그 K직원이었다. 노동조합 뒤에 가려진 그는 얼굴은 나타내지 않고 노동협상 때마다 위원들을 내보냈다. 열등감을 한풀이하듯 회사에 하는 것을 보며 보이지 않았던 이중적인 적나라한 모습을 본다. 모든 일이 청산된 후 노동조합 위원장이던 K는 나중에 그 조직에서도 외톨이가 되었다는 소문을 들었다.

그 직원은 이전에 항상 '사람 좋다'는 말을 들었다. 일선 현장에서 무슨 일이 일어나면 누구보다 먼저 나서서 해결하려 하기도 하며 무슨 일이든 열심히 하려 했다. 그러다 어떤 마음에 걸리는 일이 생기면 어깨가 축 늘어져 우울해했다. 자신의 업무를 열심히 하면서도 주변에서 표현하는 말들에 눈치를 보는 것이다. 감정의 균형을 잘 잡지 못하는 것을 야단쳐 보기도 했다.

열등감은 경쟁사회에서 갖는 표현하기 어려운 감정이다. 사람은 원하는 것을 이루기 위해 피할 수 없는 경쟁은 할 수밖에 없다. 좋은 결과에는 우월감을 느낀다. 반면 실패하면 낮은 자존감이 갖는 열등감으로 우울하다. 살면서 지나친 우월감이나 패배자의 열등감은 건강한 삶에 크게 도움이 되지 않는다. 부정적인 감정으로 가면을 쓴 가짜 감정을 지닌 채 평생 산다면 어떻게 될까? 불행한 인생이다. 자신도 불행하지만 가까운 공동체, 가족, 친인척, 친구들에게서 결코 환영받지 못한다. 자신의 풍요로운 삶이 되는 진짜 감정이 필요하다. '화'가 나면 자신은 옳고 상대는 틀리다고 따진다. 상대의 단점만 보지 말고 내면이 원하는 감정을 찾는 것이 중요하다. 열등감으로 계속된 부정적 감정을 반복한다면 주변인은 한두 번 들어주지만 당연히 싫어한다.

가짜 감정은 불안으로 인해 일어나지도 않은 일에 미리 걱정하며 자신과 주위를 괴롭힌다. 모든 이에게 바람직하지 않다. 올바른 길은 매사에 인지하는 부정적인 어두운 면을 단절해야 한다. 밝은 면을 보며 긍정적으로 반응하도록 노력해야 한다. 자신의 내면의 문제를 보려고 해야 하는 것이다. 마냥 그대로 둔다면 급기야 우려하던 일이 발생해 감정을 조절할 수 없다. 자아의 내면에 숨겨진 가짜 감정을 조금만 바꾸면 풍요로운 삶으로 변화된다.

숨겨진 가짜 감정을 바꿀 수 있는 사람은 나뿐이다. 좋지 않은 감정을 좋은 긍정적인 면으로 바라보려고 하라. 화를 내는 것도 가짜 감정이 하고자 하는 일도 열정과 욕구의 실천력이다. 열정이 없으면 어떠한 일에도 관심이 없다. 자신감으로 불안하고 예민한 가짜 감정을 바꾸어보라! 자신과 주변인을 돕는 창조적인 긍정의 에너지가 만들어진다.

다만, 자발적인 감정을 실천하여 미래의 삶을 멋지고 풍요로운 행복을 만드는 것은 본인이다. 어떤 아픈 상처도 긍정적으로 인정해주며 함께 인생의 동반자가 되는 풍성한 삶을 이루어보라. 외로움, 우울함, 열등감은 앞으로 나아가는 당신의 삶에 도움이 되지 않는다. 그 감정은 인생을 가로막는 덫이라는 점을 잊지 마라.

말리는 시누이가
더 미운 이유?

무엇보다 상황 감정의 전체를 보는 안목에서 개론적인 감정을 느끼고
익숙해지면 당면한 개인적인 감정을 파악하는 것이 중요하다.

내면에 감춰진 마음을 보아야 답이 보인다?

나답지 않게 화를 내본 적은 있을 것이다. '시어머니에게 꾸중들은 며
느리는 본의 아니게 개 옆구리 찬다'는 옛말처럼 다른 곳에서 화난 감정
을 엉뚱한 약자에게 화풀이하는 것이 아닐까? 상사에게 받은 스트레스
를 집안까지 끌고 와서 애꿎은 가족에게 트집 잡는 나쁜 감정 소유자가
있다. 질책 받는 옆에서 평소에 잘 대해주지 않던 동료가 상사의 비위를
맞추며 나를 위하는 척하며 점수 따려 하는 행위를 본다면 어떨까?

옛이야기 중에「장화홍련전」,「콩쥐팥쥐」처럼 선과 악을 나타내는 공통점은 선하고 올바른 사람은 복을 받는다는 내용이다. 반대로 그릇되고 나쁜 사람은 벌을 받는다는 어린이에게 주는 교훈이다. 이 고전동화에서 나타나는 단순한 윤리 이면에는 자신이 낳은 딸만 사랑하며 무서운 계략을 가진 계모 허 씨의 구박과 콩쥐에게 온갖 일을 시키는 계모의 흉계 뒤에 얄밉게 쳐다만 보는 친딸들이 있다. 인간의 감춰진 감정을 고스란히 나타나는 것을 본다.

꾸중하는 시어머니 옆에 말리는 척하며 나서는 시누이와, 직장 상사에게 질책당하는 사이에 기회주의적인 동료에게 느끼는 감정에 동일한 감정 고리가 있다는 것을 볼 수 있다.

지나치게 분위기가 침체된 한 지점에서 일어났던 일이다. 전 직원을 한자리에 모이게 하고 이 분위기의 원인이 무엇인지 각자 허심탄회하게 말해보라 했다. 어떤 직원은 외부적인 요인이라 말하고 어떤 직원은 내외부의 문제라고 했다. 내부적인 문제의 지적이 40퍼센트라면 내외부적 문제가 60퍼센트라고 한다. 나는 더 세부적인 내용을 말해보게 했다.

외부적으로 보면 큼직한 타 경쟁 회사와 비교해 상대적으로 현재 우리 회사의 단점만 보는 부정적인 표현을 한다. 침체된 분위기의 내부적 문제는 인원 부족과 부서 간 의사소통 문제를 말하며 서로의 눈치를 보는 내용들을 말했다.

그곳은 어느 지점보다 훌륭한 인테리어와 조건을 갖췄다. 하지만 그들은 업무 스트레스를 이기지 못했다. 서로 상대를 탓하며 부서 간의 트러블로 지쳐 있었다. 그중 한 똑똑한 여직원은 현실을 명확히 보고 있는 듯 말했다. 그녀는 아무리 힘든 일이라도 인간관계가 좋으면 이겨낼 수 있다고 했다. 그렇지 못하여 스트레스만 받는다고 한다. 윗사람에게 건의도 했지만 받아들여지지 않았다고 했다. 누구보다 용기 있게 눈치 보지 않고 말한다.

다른 동료는 자신의 감정을 합리화하기 위해 변명했지만, 딱 한 사람의 여직원은 자신도 문제였다며 후회한다고 했다. 회사는 이 모두가 상위 직급자의 업무에 따른 감정 리더십과 인간관계 문제임을 파악했다. 그 상급자는 잔소리 않고 아무 말하지 않는 것이 잘하는 것이라 생각한 것이다. 콩쥐의 계모 뒤에 숨어 있는 팥쥐 같은 모양이라고 할까?

모든 일을 완벽하게 이룬다는 것은 어려운 일이다. 성공한 내면에는 나름의 성공하기 위한 아픔이 내재되어 있는 것을 겪어본 사람은 안다. 그만큼 완벽한 감정의 사람은 없다는 것과 동일하다. 대신 자신과 조직에 나타나는 문제를 어떤 생각과 느낌으로 받아들이는 지가 핵심이다. 세상은 '나무를 보지 말고 숲을 보라'고들 한다. 마냥 숲만 바라본다면 나무 한 그루들의 모양이나 아름다움은 알 수 없다.

문제가 발생하면 포괄적인 안목으로 보아야 한다는 것이다. 반면에 세밀하게도 보고 느껴야 자신이 취할 행동을 알 수 있다. 사회나 조직에서 개인들의 특성을 보면 두 가지 모두 좋은 장점도 있고 단점도 있다. 무엇보다 상황 감정의 전체를 보는 안목에서 개론적인 감정을 느끼고 익숙해지면 당면한 개인적인 감정을 파악하는 것이 중요하다.

화나게 하는 대상에게 화 내어야 할 감정을 자신보다 약자에게 화를 내는 것이다. 이를 심리학자 지그문트 프로이트(Sigmund Freud)는 전치(displacement)와 상징(symbolization) 즉, '전치라는 정신의 기제'라고 한다. 이는 정신분석적으로 감정 전체를 부분으로, 부분을 전체로 대표할 수 있다. 자신의 감정을 다른 감정으로 대치하는 것을 말한다. 정신의 에너지 감정은 생각 이동을 염두에 두고 '전치'라는 개념으로 설정하였다. 즉 화나는 나의 감정을 다른 대상에게 전치하는 것은 '정신 에너지'라고 한다.

그 약자는 시누이도 며느리를 미워할 수 있고, 며느리도 시누이를 미위할 수 있는 것이다. 직장 동료가 나를 미워할 수 있고, 나도 직장 동료를 미워할 수 있다는 동일한 감정이다. 때로는 '전치'에 속한 나의 감정을 '자신에게로 전향'(turning against the self)하는 감정도 있다. 이는 분노의 감정을 밖으로 향하지 않고 자신에게 향하는 것이다. 화나는 감정을 못 이겨 자신의 육체 일부를 학대하며 파괴적 행동을 하며 우울증에 의한 감정으로 자신을 괴롭히는 일이다.

윗사람이 아랫사람에게 화내면 윗사람에게 화내지 못하고, 자신은 아랫사람 또는 약자에게 화내는 '전치' 속에는 나쁜 감정은 또 다른 나쁜 감정을 낳는다. 말리는 시누이가 밉고, 중간에 나서는 동료가 밉고, 장화가, 팥쥐가 미운 것이다. 화나는 문제의 감정을 어쩔 수 없이 다른 대상에게 전가하는 심리다.

욕심이 잉태한즉 죄를 낳는다!

부모님이 애써 일군 재산을 S씨 내외는 아무도 몰래 의논도 없이 아버지의 인감도장을 훔쳐 기름진 들판의 논을 죄다 몰래 팔았다. 그 돈으로 자신들은 도시의 큰 집을 사 이사하였다. S씨는 몇 년 전 사업하다가 망하여 부모님 집에 얹혀사는 동안 부모님 용돈은커녕 생활비도 드리지 않앉다. 그럼에도 자신의 네 명의 자녀에게는 읍내의 피아노 학원 등을 보낸다는 말은 들었다.

딸 다섯과 남동생은 너무나 속상했지만 누구도 싸움 될 것이 싫어 말하지 않았다. S씨를 위하는 것보다 말 못 하시고 속상한 부모님을 생각하니 더욱 엄두가 나지 않았다. 어느 날 바로 아래 외향적인 여동생이 이를 터트렸다. 나중에 안 일이지만, 여동생을 더욱 화나게 만들었던 것은 "난, 아무것도 몰라요." 하는 올케의 말이 불에 기름을 부었다.

자신들의 나빴던 행위를 인정하기는커녕 모르쇠로 일관하는 그 못난 마음에 분노를 터트렸던 이후부터 모든 형제는 그 집을 가지 않는다. 그들은 부모님께는 물론 형제 누구에게도 미안하다는 일언반구 언급이 없었다. S씨의 아버지는 속상한 감정을 애꿎은 담배로 달래시다 몇 년이 지나지 않아 폐암 선고로 많지 않은 나이에 돌아가셨다. 이제 그들 형제는 S씨를 미운 감정보다 측은한 생각이 들어 되도록이면 입에 올리지 않는다.

인생이란 참 알 수 없는 일들이 많다. 그 중에 이해하지 못할 일들도 많다. 자신의 욕망이다. 잘못된 욕심은 특히 가까운 가족 내에서 일어나는 일들이 비일비재하다. 뜻하지 않은 의도로 오해받아 감정이 나빠지기도 한다. 어제까지 친하던 관계도 단절되는 일들도 있다. 문제의 감정에서 비윤리적인 욕망으로 순간적인 실수를 하기도 한다. 그 결과에서 오는 인간관계는 많은 문제를 낳는다. 자신의 몫이다.

예부터 전해오는 말 중에 큰며느리가 잘 들어오면 없던 우애도 살아나고 없던 살림도 일어난다고 한다. 왜 꼭 큰며느리였을까? 그것은 가부장제도의 풍습에서 내려오는 장남이라는 무게에 따라오는 인간관계가 대표적이지 않을까? 장남과 부부가 되는 큰며느리는 동시에 같은 역할을 나눌 수 있는 반려자다. 그 집안의 가풍을 이어가기도 하며 문제를 낳는 요인이 되기도 한다. 현대는 핵가족화되고 시대에 따라 많이 변했지만 인간관계에서 오는 감정은 더 복잡해지고 다양해졌다.

우리는 며느리도 되고 시누이도 될 수 있다. 그렇다고 마냥 말리는 시누이가 되지 않는다. 장화가 되고 콩쥐도 된다. 문제의 나쁜 사람은 세월이 흐르며 자신의 나쁜 의도를 합리화하려 한다. 자신에게 페인팅 감정을 생성한다. 자신들을 전혀 모르는 사람들에게는 좋은 사람인 척 내세우는 것이다. 이기적이고 잘못된 행위를 자신의 개성 또는 당당함으로 포장하여 뻔뻔해진다.

물질이 풍요로워졌음에도 인간의 잘못된 욕심은 끝이 없다. 이들 문제의 갈등 중간에는 꼭 좋은 사람인 척하는 위선된 심리의 사람이 있다. 분위기 따라 적당히 자신을 내세워 공로인 척하는 것과 불리하면 모르쇠를 하는 것 같은 사람이다.

왜 사람들은 때리는 시어머니보다 말리는 시누이가 더 밉다고 할까? 그것은 바로 그들의 이중성이다. 자신의 감정에 솔직하지 못한 그들의 특징을 보면 자신이 유리한 입장 관계만 친하다. 속으로 미워도 아쉬움 때문에 밖으로 굽실거리는 이들과 친한 것이다. 자신보다 약한 이들을 마음대로 할 수 있음이다. 진정한 인간관계가 이루어질 수 없는 것은 당연한 일이다.

당신의 주변에는 좋은 시누이만 있을까? 그렇다면 행복한 살맛나는 삶이다. 가족관계에만 국한되지 않는 미운 시누이는 사회 곳곳에서 발생한다. 당신이 만약 그 미운 시누이라면 자신을 깊이 들여다보아야 한다. 결코 진정 사랑하는 인간관계로 발전하지 않는다.

07

타인의 감정 입장 배려
VS 자신의 감정 입장

성숙한 감정 공감 능력은
배려가 먼저다.

공감하는 배려는 의로움이다

당신은 모든 일을 상대의 입장을 먼저 배려하는 사람인가, 아니면 자신의 입장이 먼저인가? 상대의 감정 입장을 먼저 배려한다면 무엇 때문인지 생각해본 적이 있는가? 사람은 누구나 문제 상황이 발생하면 자신을 지키려는 감정이 발생하지 않을까? 심리학자 지그문트 프로이트는 "인간의 모든 행동이 본능에 의해 동기화되는 것처럼 동시에 불안을 피하려고 하는 점에서 방어적"이라고 한다.

인간은 갈등으로 인한 불안으로부터 자신을 보호하기 위한 다양한 방어를 한다. 그럼에도 타인의 입장을 먼저 배려하는 것이 쉽게 될 수 있을까? 타인의 입장을 잘 이해하는 것은 상대와 감정 갈등을 줄이고 협력을 이끌어내는 장점이 있다. 그러나 아무나 쉽게 할 수 없다. 거의 모든 사람은 자신의 입장과 익숙한 인지하는 감정의 습관이 있기 때문이 아닐까. 즉 자신의 입장은 즉각적인 반응을 할 수 있지만, 상대의 감정 입장을 생각한다는 것은 좀 더 복잡하고 생각해야 할 사항이 많다. 상대의 입장에 공감할 수 있는 논리적인 일이라면 배려가 가능하겠지만, 그렇지 않으면 힘들다. 타인의 감정 입장을 잘 배려하는 사람들은 먼저 자신의 감정보다 상대에게 먼저 배려하는 능력이 있다. 반면 자기 입장만 고집하는 감정은 그 과정을 잘 이해하지 못하며 의아해한다.

나에게 붙은 많은 별명 중 하나로 '걱정 파수꾼'이 있다. 직원들이 붙였다. 나는 상대를 배려하는 마음 이전에 '상대가 잘못되면 어쩌나' 하는 엄마의 마음이라고 할까? 그런 것이었다. 나 자신도 왜 그런 마음이 드는지 확실히 알지 못했으나, 내 자식보다 어린 많은 직원, 그중에도 여직원을 보면 그런 마음이 더했다. 그녀들은 대다수 고향과 부모로부터 떠나와 객지의 우리 회사에 입사하여 힘든 적응기를 겪고 있었다. 그들에게 지나친 관심과 배려는 자칫 개인적인 옳지 않은 감정이 되지 않을까 하여 조심스럽기도 했다. 어떨 땐 그들과 함께 일선의 현장에서 같이 일하며 서로 격려해보기도 한다. 그들은 차츰 숙달되자 스스로 자신의 후배 직원보다 앞장서 솔선수범했다.

자신이 힘들었던 과정의 감정을 익힌 선배로서 신입 직원을 배려하는 모습은 대견했다. 상대를 배려하는 마음은 곧 자신을 의롭게 하여 주변과의 공감으로 행복하게 한다. 한편 자신을 부정하며 수용하지 못하는 감정도 있었다. 부모님께 전화통화로 하소연한다. 그 부모는 다짜고짜 상경하여 회사에 통보도 않고 그날 밤 그 직원을 일방적으로 태워 돌아가는 어이없는 상황도 있었다. 그 부모는 상대의 입장보다 내 자식이 먼저라는 감정이 앞섰다.

성숙한 감정 공감 능력은 배려가 먼저다. 이유를 알려고 하지 않고 오직 내 자식, 나의 감정 입장만을 보는 일은 안타깝다. 사회에는 개인이나 조직 집단에서 이러한 일이 쉽게 일어난다. 타인을 배려하는 감정을 보면 자신이 배려를 받아본 사람이다. 그에 대한 존중하는 마음을 안다. 특징으로 그들은 배려의 공감으로 내적 갈등이 주는 불필요한 감정을 없앤다. 배려는 어릴 때부터 부모에게 존중받는 경험을 통해서 시작된다. '콩 심은데 콩이 나고, 팥 심은데 팥이 난다'는 말은 틀리지 않다. 어떻게 콩을 심어놓고 팥이 나기를 기대하겠는가. 자신은 상대를 배려하지 않으면서 배려 받으려는 이기적인 것과 다를 바 없다. 그만큼 어릴 때부터 환경으로 인한 무의식이 전환되어 나타나는 중요한 결과다. 타인의 감정 입장을 배려하는 것은 무슨 일이든 조건 없이 자기감정 입장을 무시하라는 것이 아니다. 상대를 배려해야겠다는 공감 인식이다. 무엇보다 자기감정을 아는 것에서 시작되어야 한다. 자신의 생각과 감정 입장을 객관적으로 이해해야 한다. 그에 따른 능력으로 타인을 이해할 때 능숙하게 배려하게 된다.

사회와 직장 조직 속에서 상대의 감정에 공감하는 대인 관계는 창의적인 능력이다. 조직 구성원들의 마음을 계발하는 동기 부여가 된다. 그들의 특징은 자신의 입장을 알고 상대를 향한 뛰어난 공감 능력이 있다. 상대를 배려하며 우선적으로 고정 관념에 사로잡혀 있지 않은 감정이다. 어떤 목적을 달성하기 위해 재촉하거나 성급한 결단을 하지 않는다. 현재의 처지와 감정의 갈등을 겪지 않고 자신들이 지닌 장점으로 목표한 바를 효과적으로 활용한다.

배려하는 공감 능력을 키워라

한 가정의 가장이 가족 구성원 입장을 배려하는 공감 능력이 없이 권위 의식만 있다면 어떻게 될까? 경영했던 사업체 여러 지점 중 학군단과

군 출신 상위권자가 있었다. 특이한 것은 그 지점은 여지없이 수직적 조직 문화를 낳았다. 서열을 중시하던 조직 습관 문화일까? 유연하고 부드러우며 배려와 존중이 필요한 서비스업에 적합하지 않던 부분이다. 지시와 명령만 있고 복종하기만 바라는 조직이 되는 특징이었다.

아쉽게도 우리 회사는 늘 리더가 될 수 있는 인재에 목말랐다. 학군단 출신을 다수 입사시켰다. 군대에서 소대장을 했으니 리더십을 기대했다. 그들은 충성은 했지만 굳어진 사고는 객관적이지 못한 부분이 드러났다. 서로를 배려하는 공감 능력보다 서열 영향을 받아 유연한 능력이 다소 부족했다. 재미있게도 같은 군 출신인 그들은 동료 관계에서도 기수에 따라 행동했다. 사석이나 회사 일에서도 그랬다. 아이러니한 일이다. 군 생활 한 사람들에 대한 편견일까?

경직된 생각의 감정 습관이 집단으로 연결되는 것을 경험했다. 그들 대부분은 수직 조직으로 습관화된 익숙한 감정으로 근무하려 했다. 서로 공감하는 수평적 조직 문화, 배려, 부드러운 감정을 만들기보다 회사 조직에서 군대 의식으로 일하려 했다. 충성하는 좋은 점도 있었다. 그러나 군대 기수가 사회에서 배려는 아니다. 요즘 젊은이들이라면 제일 대하기 싫어하는 골치 아픈 '꼰대' 대상 중 1호로 꼽지 않을까. 물론 다 그런 것은 아닐 것이다.

조직의 수장이나 가정의 부모는 존중받고 배려 받아본 경험이 중요하다. 상호되는 공감으로 배려하면 구성원들은 그 감정을 알게 된다. 이러한 습관이 된 배려의 감정은 자신과 타인에게 연결되어 순환된다. 주의할 점은 자신을 알지 못하고 옳고 그름의 명확한 기준 없이 상대의 감정을 덮어놓고 공감하는 것은 옳지 않다. 먼저 자기감정 입장을 이해하여야 한다. 그런 후 상대의 상황을 충분히 헤아리고 배려해야 한다.

자신의 가치관은 중요하다. 문제를 공감하고 배려하는 감정은 무엇보다 자신에게 형성된 핵심적인 요소의 감정을 이해해야 한다. 자아를 알고 자기감정의 정의로운 모습을 받아들여야 한다. 자기감정 입장이 모든 사람에게 동일하게 적용되지 못하고 충돌하여도 상심할 필요는 없다. 다양한 삶이 있듯이 다양한 가치관도 있는 것은 당연하다. 그것이 오히려 자연스러운 것이다.

회사는 보수적이고 수직적인 학군단 출신의 책임자들의 의식을 유연하게 하는 교육을 했다. 상대를 배려하는 수평 공감 능력으로 조직을 리드하는 책임자 교육이다. 조직에서 상위권자와 팀원이 수평적 의사소통을 하려면 배려가 먼저였다. 자기 입장이 낮아지기보다 원활한 활력 에너지로 조직의 생명이 된다고 경험해보라고 했다. 즉, 자기 입장을 직원과 고객에게 배려하는 의도적인 노력을 해야 했다. 상대를 배려하려는 자기감정을 중립적 객관화로 편견적 고정 감정을 제어하려는 의도적인 연습을 숙지해야 했다. 시간이 지남에 따라 실천하는 의지의 결과는 조직에서 환영받았다. 직원들의 의아해하는 표정을 잊을 수 없다. 처음에는 어색했지만 시간이 지남에 따라 자연스러운 공감 형성으로 좋은 결과도 있었지만, 지속적이지 못할 때 실패도 했다.

타인의 감정 입장을 배려하려면, 자신의 감정 입장을 이해하라. 배려는 공감 의도에서 시작되는 감정이다. 무엇보다 자신이 정의하는 바를 이해해야 배려하는 감정이 된다. 이해하는 과정을 통해 자신의 인식 능력도 확장된다. 공감 감정은 타인을 배려할 때 혜택 받는 자신의 감정이 된다. 결과적으로 공감과 배려는 자신의 감정을 이해하는 자신이다.

우리는 일상에서 '에고이즘' 같은 감정으로 평생 살아갈 수 없다는 것을 이론적으로 누구나 생각한다. 타인과의 관계로 어쩔 수 없이 연결된 사회에서 상대를 위한 진정한 배려와 공감하는 감정을 받아들이자. 나만 좋으면 된다는 이기심을 극복하라. 자기감정 입장과 타인의 감정 입장을 배려하자. 진정한 자아 감정은 개인과 조직에 좋은 결과를 만든다.

-

3장

부정적인
마음에서
자유로워지는
8가지
심리기술

01

당신이 알지 못하는
나쁜 인지 방식을 찾아보라

감정은 우주 저편에 숨겨진 무형의 에너지가
창조의 근간으로 이루어진 에너지이다.

나쁜 인지 감정을 바꾸면 일상이 달라진다?

나는 우울할 때마다 '그럴 수 있지'라는 생각으로 버렸다. 언제부터 그렇게 되어왔는지 잘 알지 못하는 감정이다. 아주 옛날 기억이다. 나와 친했던 친구를 또 다른 친구에게 소개했다. 얼마의 시간이 지나자 그 두 사람은 나보다 더욱 친하여 나중에는 나를 배제했다. 나는 그때에도 '뭐 그럴 수 있지' 했다. 많은 시간이 지나도 내 생각은 변함없었다. 그 두 사람이 나중에 어떻게 되었는지 알려고도 하지 않았다.

그때 나는 얄미운 그들의 행동에서 배신감과 분명 안 좋은 감정을 느꼈다. 어쩌면 약간 철없던 그때에도 나는 자존심을 약간 오해했던 것 같다. 당시 이해되지 않는 감정으로 '어떻게 만난 지 얼마 되지도 않았는데 저렇게 호들갑스럽게 친해질 수가 있을까?' 생각했다. 이성도 아닌 동성끼리 냄비 같은 근성이 마음에 들지 않던 것이다.

나는 이러한 내 감정을 합리화하며 늘 '그럴 수 있지' 하며 위안하고 관심을 두지 않았다. 하지만, 세월이 흘러 나이가 들어서 일명 줏대 없고 촐싹이는 사람들을 보면 좋아 보이지 않는다. 좋을 땐 뭐라도 다 줄 것처럼 하다가 자신에게 돌아오는 이익이 없거나 조금만 기분이 나쁘면 언제 보았는지 하는 것이다. 안면 바꾸기를 서슴지 않는 행위를 보면 두 번 다시 보고 싶지 않은 심정이 되기도 한다.

왜 사람들은 자신의 나쁜 습관을 인지하려는 노력을 하지 않을까? 분명하게 올바른 행위나 감정이 아니면 자신을 돌아보고 원인을 파악하려는 노력을 하지 않는다. 인간관계에서 이유를 알 수 없는 단절되어가는 과정을 '뭐 그럴 수 있지' 하며 마냥 내버려두는 것은 더욱 성숙하고 견고한 관계를 형성하지 못하는 자신의 감정을 방치하는 것이다. 많은 관계가 가까워지고 멀어지는 것은 있을 수 있다. 문제는 단순한 관계가 아닌 친밀한 관계에서 일어나는 일이라면 분명한 문제가 있지 않을까? 관심을 두고 습관화된 내면을 파악 후 정당한 감정으로 이해한다면 문제는 없다. 그러나 그렇지 않고 상대가 멀어져가는 상황을 그대로 매번 둔다면 평생 그는 새로운 상대를 찾으려다 신뢰하는 인간관계를 놓치고 만다.

그러한 인간관계를 원하지 않는다면 보다 적극적으로 자신이 원하지 않는 습관에서 벗어나야 한다. 왜 좋은 습관은 어렵고 나쁜 습관은 쉬운지, 자신이 인지하지 못하는 습관 감정을 알려고 해야 한다. 태어나고 싶어서 이 지구상에 살게 된 사람이 있을까? 감정은 우주 저편에 숨겨진 무형의 에너지가 창조의 근간을 이루어 창조의 에너지이기도 하다.

그 우주적 사고에서 습관에 따라 생각의 힘을 사용한다. 자신의 감정을 통한 감정표현, 기억하는 일, 판단해야 하는 일, 증오나 기쁨, 연민을 비롯한 많은 정신적 감정을 창조해낸다. 살면서 경험하는 많은 인지는 환경이 우리에게 영향을 주기보다, 인간이 그 환경에 대해 생각하고 적응했다. 때문에 자신도 알지 못하는 인지 방식이 습관화되었다.

나도 알지 못했던 나쁜 인지를 찾아라!

나는 사업을 하며 나의 '뭐 그럴 수 있지'라는 인지 습관은 올바르지 않다는 것을 알았다. 외식 산업은 판촉과 동시에 효과를 본다. 회사는 판촉을 독려하기 위해 지점들이 매출 '품의서' 올릴 때 당당하게 인센티브를 요구하라고 했다. 떨어지는 매출이 3주 이상 가면 회사는 자금의 위기를 맞는다. 때문에 강력한 매출 드라이빙을 건다.

판촉을 위해서 1개월에 한 번 이상 직원들끼리 술 마시는 것을 금했다. 술을 마시려면 고객이 될 수 있는 다른 사람과 마셔 회사를 알리는 판촉이 되게 하라 했다. 또한 절약은 명목적이어서는 안 된다. 절약은 쓸 곳을 안 쓰거나 묶어서 보관하겠다는 것이 아니라 투자라고 생각하는 부분이다. 인센티브도 마찬가지다. 즉 정당한 곳에 쓰고 그 지원받는 힘으로 모범적인 행동으로 받는 신뢰는 상사의 카리스마다. '내일', '나중에', '후에 하지 뭐', 같은 사고는 자신과 조직을 망친다. 실력 있는 개인으로 최선을 다해 나오지 않으면 안 된다.

생각은 창조를 가능케 하는 에너지다. 자신이 알지 못하는 나쁜 인지 습관 방식을 알지 못하고 의식하지 못한다면 어떻게 될까? 개인이나 조직은 발전할 수 없는 것이 당연한 일이 아닐까. 생각을 의식하지 않고 습관화된 인지 감정으로 '그럴 수 있지'라고 인정하는 마음은 의식하는 생각에서 자유로워질 수 없다. 자신이 알지 못했던 새로운 에너지는 의식 생각을 통해 만들어진 인지 결과물이다. 어떤 감정을 상상하는 생각은 의식

작용을 통한 경험에서 나타난다. 우리가 알지 못했던 나쁜 인식의 방식도 무의식을 따라 생각한 행동 결과다. 그러므로 우리의 뇌는 부정적인 생각을 떠올리면 의식은 모든 것을 그 생각과 일치하도록 조정한다.

스스로 부정적인 고통과 절망으로 걱정스러운 생각에 얽매인다면 인체의 감정은 옳은 생각에 머물러 있지 않고 모두 그 생각으로 이동하는 감정이 된다. 옛 어른들이 평소 하던 말들 중에 '말이 씨가 된다'는 것과 같은 맥락이다. 사람의 의식이 무엇이 어떤 방향으로 향하는지에 따라 나타나는 의식하는 현상이다.

심리(心理)는 마음의 작용과 의식의 상태다. 그중 인간의 감정을 다루는 심리학은 생물체의 의식 현상과 행동을 연구하는 학문이다. 개별적 사회 환경에 적응하는 상호작용을 연구하여 의식의 작용 및 현상을 밝히는 학문이다.

좋은 인지 결과로 나아가는 길

조직의 문제의식은 발전을 위한 부정적인 긍정이다. 그러나 자신의 신체를 잘 관리하지 못하여 피곤하면 부정적이 된다. 처음 얼마간은 버틸 수 있을지 모르나 장시간 피곤에 노출된다면 피로함으로 말미암아 부정적으로 될 수밖에 없다. 망하는 지점의 대표적인 현상은 그럴듯한 변명을 하나 알고 보면 피곤에 쌓인 부정적 심리가 깔려 있다. 어느 날 수도권의 지점에 한 달 통신비가 차츰 많이 나오다가 엄청나게 나왔다.

회사 본부 담당자가 문제 지역 전화국에서 뽑아온 내역을 보았다. 매일 밤 새벽까지 올바르지 못한 음란 사이트 서버에 접속한 것이 나타났다. 전 직원을 모아놓고 말했지만 누구도 나서지 않는 상황이 되어 즉시 보안 카메라를 전 지점에 설치했다. 재미있는 현상은 그 다음 달 이후 전체의 통신비는 현저히 줄었던 일이다.

사람의 신체는 휴식과 수면을 통해 모든 신체 기능을 회복하는 시간이 필요하다. 휴식하지 않고 업무를 지속하는 것은 집중력 저하와 그로 인한 의식하는 분별력 감정이 불균형이 된다. 일시적 문제는 휴식하면 회복된다. 지속되면 부정적이 될 수밖에 없는 나쁜 인지 습관으로 변한다. 사람의 뇌는 자극하는 나쁜 것을 인지한 감정에서 쉽게 벗어나지 못한다. 무의식적인 감정은 나쁜 인지 습관으로 중독 현상이 나타난다. 사람이 인지한 감정을 우리의 뇌는 좋은 감정보다 나쁜 감정의 인지를 더 오래 유지하려 한다. 그들은 그것을 기억하여 기회만 닿으면 그 나쁜 인지의 감정으로 끌고 가려 한다.

자신이 알지 못했던 나쁜 인지 방식으로 이어지는 감정은 '그럴 수 있지' 하는 무의식적인 작은 일에서 출발한다. 그 감정이 인생의 전환점이 되는 중요한 일에도 합리화한다면 큰일이다. 크나큰 실수를 나쁜 인지의 방식으로 끌고 가는 것을 알면서 그대로 두는 것은 불행한 일이 된다. 무엇보다 자신의 감정을 통제하는 것에서 나쁜 인지 방식을 바꾸어야 한다. 자신 외에 타인이 할 수 없는 일이다.

자신의 나쁜 인지 방식을 알면 나쁜 감정을 정리할 수 있다. 그러려면 자신이 알지 못했던 습관화된 나쁜 패턴에 사로잡혀 있던 감정을 자각하는 것이다. 나쁜 인지 습관은 의지력이나 감정이 주는 패턴이 부족해서가 아니다. 습관화된 행동을 일으키는 원인을 알면서 극복하려는 방법보다, 잘못된 인지 방식을 떨쳐내는 진정한 자아를 깊이 이해하는 것이 중요하다.

잘못된 습관과 본질을 제대로 들여다보고 찾아내야 한다. 습관에 길들여진 뇌는 일관되게 해오던 방식대로 하려고 할 것이다. 자신이 알지 못했던 나쁜 인지 방식을 알면서 그대로 두고 매번 '그럴 수 있어.' 한다면 그 인식은 차츰 자리를 잡아간다. 자신도 모르게 나쁜 인지로 말미암아 그 방식을 고수하여 그대로 둔다면 당신은 사는 동안 부정적인 감정에서 벗어나지 못한다. 그러기를 원치 않는다면 찾아서 정리해야 한다.

02

우울한 생각이 아닌
동기 부여를 만들어보라

동기 부여는 자신의 장애물을 극복하고
성공적인 꿈을 이루는 원동력이다.

동기 부여는 삶을 바꾸는 찬스가 된다

지속적인 팬데믹(pandemic) 상황에서 지치지 않는 사람이 있을까? 언제 끝날지 모르는 방역 단계 강화로 예민해진 감정은 우울하고 불안하다. 특히 철없는 아동의 가정은 이루 말할 수 없는 어려움이 있다. 종일 집안에 갇혀 있는 것도 하루 이틀이지, 그 이상 되면 힘들다. 막연한 기간 속에 행동이 통제되니 우울한 일이다. 이뿐 아니라 사회적 통제 파장은 개인의 삶을 저하시켜 괴롭다. 예민해지는 것은 아이만은 아니다. 성인도 쉽게 피곤해지고 에너지가 고갈된다.

누군가 조금만 자극해도 민감해지고 감정에 휩쓸린다. 쉽게 우울해지고 불안함이 커진다. 자신이 생각해도 '내가 왜 이럴까?' 하는 생각도 든다. 우울하고 답답하여 애꿎은 별것 아닌 일에도 트집 잡는다. 나답지 않은 감정으로 짜증난다. 팬데믹으로 오는 이 우울함은 남녀노소 누구나 겪고 있는 지금의 상황이다.

우울함은 사회적으로 성공하고 안정된 모습의 사람도 그렇지 못한 사람도 겪는다. 현 상황을 사회적 위기라고 말하는 주장을 많이 한다. 위기는 살면서 지금 우리 모두가 겪고 있는 상황만이 아니다. 인생에서 문제의 위기나 어려움은 누구나 겪는다. 사람들은 '위기'라는 말 앞에서는 감정이 우울하고 불안하다. 한편 동기 부여가 되는 '찬스'라는 말은 좋아한다.

위기라는 우울한 문제의 감정을 긍정의 의식으로 받아들이면 찬스가 된다. 적극적으로 미래를 위해 발휘하면 어떨까? 무슨 일이든 시작이 있으면, 끝이 있다. 우울한 이 '위기'를 '찬스'로 인식할 수 있는 동기 부여는 없는 것일까? 위기 앞에서 개인과 조직은 헤쳐 나가기 위해 노력한다. 위기의 팬데믹으로 인한 동기 부여가 주는 관점 변화는 삶의 방식을 바꾼다.

사람은 굶주림으로 배가 고프면 무엇이든 먹을 것을 만들거나 찾는다. 어떤 위기 앞에서 살아남기 위한 동기 부여는 우리의 삶에서 강력한 힘이 된다. 할 수 없을 것이라는 자신감 없는 우울한 생각이 지속된다면 어떻게 될까? 도태될 것이다. 자신을 이해하고 앞으로 나아가기 위해 우울한 감정을 벗어나려고 리드하면 본성에 따라 우리의 삶은 달라진다.

모든 일이 순조롭게 잘 이루어질 때는 문제가 없다. 문제의 상황은 나쁜 현상에서 나타난다. 경기가 나빠지며 경제 상황이 좋지 않았던 때 일이다. 한국 경제가 경쟁력이 없다던 위기를 겪던 때이다. 우리 회사는 매년 오르는 물가와 제반 비용을 감당하고 다시 도전할 수 있는 투자가 필요했다. 그 당시 경쟁 업체 속에서 살아남기 위해선 매년 30퍼센트 이상 성장해야만 했다. 경제가 좋은 성장기 사회에는 어느 업체나 성장한다.

경기가 급격히 나빠졌던 그 당시 회사와 전국 각 지점 책임자들의 의식이 어느 때보다 적극적으로 나서야 되었다. 사회적인 현상으로 경기가 나빠지면 소비자는 먼저 지출을 줄인다. 그중에서 우선 첫 번째로 외식비를 줄인다. 우리는 기존의 경쟁 업체를 누르고 일어서야 했다. 성숙기 사회 속에서 생존 전략을 짜지 않으면 우리 업체가 소멸된다. 마냥 어렵다고 힘들다고 손놓고 있으면 어떻게 되겠는가? 망하는 것은 시간문제다.

성숙기 사회에서 멈춰진 시장 '파이' 크기는 우리가 성장한 만큼 상대의 성장률은 낮아지며 쇠퇴되어 망하게 된다. 우리의 지점 중 위기의식을 벗어날 수 없다는 부정적 지점은 나중에 폐쇄되는 결과가 되었다. 반면 힘들지만 긍정적인 위기의식으로 죽기를 각오한 생존 전략을 세웠다. 도전한 지점은 후에 경제 상황이 좋아졌을 때 몇 배의 성장률을 보였다. 오히려 좋은 동기 부여의 경험을 했다. 위기와 찬스는 동전의 양면과 같았다. 하고자 하는 관점 변화의 힘은 위기 상황에서 꼭 발휘되었다.

인생에서 오는 위기 감정을 바꾸는 동기 부여는 가까이 있다

세상에는 누구나 똑같이 겪는 일을 뭘 해도 잘되는 사람이 있다. 그들은 어떻게 그렇게 될 수 있을까? 남들보다 모든 면에서 월등한 조건의 기회, 재력, 학력 등을 갖추어서 그럴까? 우리가 모르는 다른 비법이 있을까?

동기 부여 전문가들은 '긍정적인 사고를 훈련하라'고 말한다. 맞는 말이다. 어떤 위기가 닥쳐도 '끝은 있다'는 생각은 이미 그 마지막을 알고 있는 것과 같다. 그들은 세상 사람들이 뭐래도 끄떡 않고 자신만의 길을 가는 사람들이다. 무엇보다 자신을 알고 긍정적인 목표의식이 뚜렷하다.

반면 아무리 모든 제반 조건이 좋은 일에도 '할 수 있다'는 긍정적인 사고가 없다면 원하는 만큼의 목표에 제대로 도달하기 어렵다.

우울하다는 생각은 부정적인 감정에서 시작된다. 살면서 외롭다는 것을 느끼지 못한 사람은 없다. 아무리 좋은 환경과 조건 속에서도, 심지어 부부간에도 종종 느낀다. 외로움은 누구나 느낀다. 인생의 중요한 시점에서 본인만이 내려야 할 중요한 판단과 결정을 앞두고 고민스러울 때, 혹은 내 마음은 그게 아닌데 상대가 자신의 마음을 몰라줄 때 외롭다. 외롭다는 것은 부정적 감정에서 보면 우울하다는 것이다.

나는 이 책을 쓰면서 직장 생활 초기 과거의 나를 돌아본다. 사회성이 나쁘지 않았지만, 항상 외롭다는 생각을 했다. 비교적 어린 나이에 고향을 떠나와 직장인으로 객지에서 혼자 살면서 더 그랬다. 부모 형제를 떠나와 누구의 간섭도 받지 않아 한편으로 좋았지만 익숙지 못한 직장생활과 어려움은 나를 우울하게 했다. 때로는 텅 빈 공간에 혼자만의 시간에 많이 울기도 했다. 그때도 그랬지만 나는 비교적 예민했다.

지금처럼 통신이 발달되지도 않았고 혼자만 덩그러니 남아 있는 듯 했다. 어딘가의 의지할 연결 끈이 느껴지지 않고 구석에 웅크린 감정이었다. 그럴 때면 만사를 버리고 돌아가고 싶었다. 자취 생활의 변변찮은 식

생활과 모든 것을 혼자 해결해야 하는 어려움은 더욱 나를 외롭고 우울하게 했다. 나를 돌아볼 여유가 없는 바쁜 농촌 생활을 하는 어머니를 이해는 했지만 때로는 몰라주는 것 같아 섭섭하기도 했던 감정이다.

철없던 첫 직장 생활 속에서 어려움을 겪을 때마다 겪는 외로움의 원인이 '향수병'이었던 것이다. 원인이 파악되니 더 확실한 미래 준비를 하게 되었다. 매일 느꼈던 일상생활을 글로 남기고 나이 들어서도 책을 손에서 떼지 않았다. 그때부터 생긴 버릇이 오늘의 작가가 되는 힘이 되지 않았을까 생각한다.

외로움은 노인보다 오히려 젊을수록 많이 느낀다. 젊은이들은 장래를 결정해야 하고, 주변 환경 변화와 새로운 것에 대한 적응과 노력이 외로움으로 나타나는 일이 많다. 그러나 대부분 사람들은 이 외로움을 긍정적으로 받아들인다. 그들은 외롭지 않기 위해 다른 이들과 좋은 관계를 유지하려 한다. 외로움을 탈피하기 위해 새로운 친구를 사귀고 단체 등에서 활동하여 자신의 원동력을 만든다. 나이 들수록 외로울 것이라는 건 보편적인 생각이 아니다.

문제는 만성적인 외로움이 주는 우울함이다. 지속되는 우울함은 자신의 삶의 질과 더 나아가 건강을 해친다. 1년 이상 지속된다면 어떻게 될까? 우울증에 걸린다. 지속되는 외로움은 긍정적이었던 생각도 부정적으로 만든다.

사람은 누구나 인정받고 싶은 욕구가 있다. 지속되는 우울함을 벗어나기 위한 동기 부여는 자신을 인정하는 이해가 필요하지 않을까? 그러기 위해선 나 자신과의 의사소통이 무엇보다 중요하다. 누구나 우울할 수 있지만 모두 우울증이 되지 않는다. 그 우울함에서 오는 생각의 감정을 파악해야 한다. 우울한 생각을 해결할 수 있는 것은 자신만이 할 수 있는 동기 부여가 먼저다.

앞서 성숙기 사회 경제 위기로 인한 우울한 사례에서 본다. 우리 회사 지점의 생존 전략 동기 부여는 본부 지휘권에서 지시 내린다고 다 되는 일은 아니다. 그들은 어렵지만 위기를 찬스로 만드는 긍정의 각오가 동기 부여가 되는 큰 힘의 원동력이 되었다. 물론 힘들었다. 경쟁 회사도 만만찮게 공격하며 살려고 몸부림쳤다. 팀워크의 지속된 인내와 실력 발휘가 나타났던 조직 위기 리더십 결과다.

위기로 인한 우울한 생각을 이끌어내어 긍정적으로 바꾸면 좋은 동기 부여가 된다. 더욱 자신을 강하게 만드는 창조다. 목적하는 바를 실행하기 위한 감정 인식이 중요하다. 미래에 대한 확신을 파악하고 준비하여 실천한 결과다. 그러기 위해 부정적인 우울한 생각을 벗어나기 위한 동기 부여의 방법을 찾아보라. '위기'는 곧 '찬스'라는 긍정적인 생각으로 미래에 집중하는 것이다.

지난 과거나 현재 나를 휘두르는 감정 상황을 미래로 돌린다면 많은 가능성을 보게 된다. 무엇보다 당신이 실현하고자 하는 가능성 있는 비전을 찾아보라. 80세에 대학에 갈 수 있고, 60세 넘어서 자신도 알지 못했던 인생 후반 새로운 꿈을 알 수 있다. 우울한 생각이 아닌 동기 부여를 만들어보라! 동기 부여는 자신의 장애물을 극복하고 성공적인 꿈을 이루는 원동력이다. 동기 부여의 긍정적 사용으로 꿈을 선택하고 집중하라. 스스로의 격려와 원활한 인간관계 일상에서 오는 자신의 영감을 기록해보라. 성공하는 조직과 사람의 숫자가 중요한 것이 아니다. 동기 부여는 성공을 이루는 첫걸음이며 자신의 의지다. 당신이 현재의 상황에서 미래에 집중할 수 있는 동기 부여의 주인공이 되어보라.

03

부정적 감정일수록
표현하라

문제의식의 부정은 누구에게나 필요한
엑기스 같은 감정이다.

자신의 부정적인 감정을 알아야 한다

오랫동안 서울 도심에서 레스토랑을 운영하며 외식 산업 격랑의 세월을 보낸 선배가 있다. 한때 러시아에도 진출하여 활약했으나 모든 것을 접고, 이제 동해바다를 끼고 강릉에서 명소가 된 사업을 하는 선배에게 오랜만에 전화를 했다. 나에게 그 선배는 몇 손가락 안에 꼽는 존경하는 선배다. 그는 항상 상대를 배려하고 선한 영향력으로 편안한 마음을 느끼게 한다. 30년 넘게 살아온 부인도 이지적이고 두 분은 비슷하다. 그런

데 선배 왈 "나는 요즘 부부가 이혼하는 마음을 알았다."는 것이다. 이유는 부인이 자신도 모르게 또 다른 큰 업장을 계약하고 계약금을 지불하였다. 선배는 너무나 깜짝 놀라 아연실색했다. 선배는 현재 국내외 경기와 전망이 너무 어렵고 무엇보다 부인이 더 이상 고생하는 것이 싫었다.

그간 사업하며 인원 때문에 너무 많은 상처를 받아서 더욱 심하게 반대했다 한다. 무려 15일간이나 싸우며 평생 한 번도 느끼지 못했던 이혼의 감정을 느꼈다는 것이다. 평소 그 선배의 인품을 아는 나는 다시 한번 더 그 선배를 존경하는 기회가 되었다.

살면서 부부간에 한 번도 싸워보지 않은 가정이 있을까? 사람은 누구나 환경과 문제에서 오는 감정을 느낀다. 현대는 자신의 생각과 다르면 여성들도 당당하게 의사표현을 한다. 오래전 옛 어머니들은 언감생심(焉敢生心)이다. 그 모든 것을 참고 '암탉이 울면 집안 망한다.'는 가부장적인 환경 속에서 살면서 도저히 마음에 안 들었어도 참고 살았다.

요즘 여성들에게 그런 생활을 살게 하면 아마 아무도 살지 않을 것이다. 대동소이(大同小異)한 학력과 사회적 경제적 진출로 평등한 사회가 되었다. 사회는 이렇게 변화하였지만, 인간이 가지는 본성은 시대의 유행이나 이슈에 따라 변할까? 어머니는 여전히 집안의 크고 작은 가사 일을 담당하고, 자녀와 가족은 어머니의 손길을 기다린다. 또한 부부가 책임져야 할 자녀에 대한 세심한 보살핌은 더욱 많아졌다.

부부는 경제적·감정적 파트너십을 조화롭게 이루며 자녀에게 좋은 부모가 되려 한다. 더 다양하고 복잡한 일들은 현대인을 더욱 피곤하게 한다. 해소하지 못하고 장기간 지속되면 육체적·정신적 스트레스가 된다. 때로는 우울하고 부정적 감정을 일으킨다. 책임져야 할 어깨에 짓눌리어 공허한 마음을 쉽게 해소할 방법도 어렵다. 처음엔 '괜찮아지겠지' 하던 마음이 지속되는 억눌림으로 환경의 지배에 의하여 자아를 잃게 된다.

강릉 선배는 이렇게 말한다. 이제는 무엇에 도전하기가 싫고, 지난 아팠던 일과 동일한 일을 더욱 하고 싶지 않다고 한다. 처음에는 자부심과 성취감도 있었다. 사업을 하며 하루도 마음 편하지 못하던 날들이었다. 그때는 싫어도 말하지 못했다. 문제의 환경에서 벗어날 수 없었지만, 이제는 싫다는 것이다. 부인의 입장에서 보면 황당한 일이다. 평생 자신의 의견을 들어주던 남편이 그토록 심하게 반대했으니 오죽했으랴!

항상 잉꼬부부처럼 살았던 과거의 남편이 당연히 내 편이 되어 응원과 지지해줄 아군인 줄 알았다. 그런데 지금 자신을 마구 휘두르는 적군이 되었으니 얼마나 속상했으면 15일 동안이나 싸웠을까? 오랜 사업을 했던 선배는 경제가 좋아 장사가 잘되면 믿었던 직원이 속썩였다. 그렇지 않으면 경기가 나빠지는 속에서 늘어난 비용과 지출로 힘들었다. 그 감정을 몇 십 년 가까이 현업에 있으며 우울하던 감정을 참아 왔단다.

예전에 옛 어머니들이 살아온 인고의 세월을 살아온 것이다. 선배는 이번 일로 상상도 못했던 감정을 느꼈다고 한다. 모든 것을 해결한 지금 아찔했던 얼마 전의 얘기를 나에게 들려주었다. 나 역시 그 감정에 많은 공감을 하였다. 지난 나의 사업하던 일을 떠올릴 수밖에 없었다. 좋을 때도 있었지만 참으로 아픈 인고의 시간들이었다.

살면서 모든 일들을 자신이 느끼는 생각대로 말하며 살 수 있을까? 가정과 가족을 위해서, 자신을 바라보는 주변의 시선들 때문에 하고 싶은 감정을 참고 숨긴다. 어쩌면 미덕처럼 되었던 삶이다. 늦은 퇴근 시간 축 늘어진 어깨를 위로 받을 엄두도 못 내는 현대인으로 사는 아빠 엄마다. 현대인의 삶을 마냥 그렇게 살아야만 한다면, 우리의 삶은 별 의미가 없는 인생이다.

상사의 편협한 표현도, 생업의 현장에서 당장 아쉬운 물질 획득을 위한 부정적인 일들도 있다. 나쁜 부정적인 속내를 제대로 표현하지 못하는 감정은 우울하게 한다. 애꿎은 남편에게, 부인에게, 자녀에게 화풀이 할 수도 없다. 현대의 아빠 엄마 직장인은 쓰디쓴 술 한잔에 의지하며 고독한 마음을 달래보기도 한다. 술잔에 어리는 부정적인 감정을 쏟아 넣으며 깊은 한숨을 내쉰다.

모든 사회적인 상황이 좋지 않으면 그 현상은 두드러진다. 부정적인 감정을 그대로 묻어둔다면 소멸될 수 있을까? 그렇지 않다는 것은 어떤 순간에 자신도 모르게 무의식적으로 튀어나오는 표현에서 본다. 그들은 외롭다. 지식을 접할 때 옳지 않은 것은 옳지 않다고 말해야 하는 것은 윤리다. 그러나 그 윤리의 내면 중심에는 죽을 때까지 내려놓을 수 없는 생각이 주는 감정이 있다.

다시 사랑하며, 더욱 가치 있는 삶을 향하라

나는 선배와의 통화 마지막에 예전에는 한 번도 부부싸움 안 했느냐고 물었다. "아뇨, 했지요." 한다. 그때마다 어떻게 화해했는지 묻는 나에게 선배는 이렇게 말한다. "그때마다 서로 반성문을 쓰고 서로 읽고 화해했지요." 한다. 참 예쁜 부부라고 생각했다. 이번에 서로 한 치의 양보도 없이 이렇게 싸워보며 이혼을 떠올릴 수 있었던 감정에 선배 자신도 내심 놀랐다는 말을 했다. 두 딸은 성장 후 출가하여 너무나 성공한 사회적 위치에서 활동을 하지만, 이번 일은 정말 아픈 추억이면서 소중한 감정을 나누게 되었다고 말했다.

결국 15일간 서로 다른 의견 대립으로 싸웠다고 했지만, 서로를 인정하고 현재의 상황을 파악 후 종결되었다고 했다. 자신이 느끼는 옳지 못한 감정을 참거나 억누르지 않고 선배는 진통을 겪는 아픔 속에서 표현하였던 것이다. 역시 부정적인 문제의 감정을 표현하면서 대가를 치렀다. 반면에 자존감과 자아의 만족함으로 더 강하고 건강한 부부가 된 것이다. 나는 그 뉴스를 듣고 선배의 부인에게 모르는 척했다. 언젠가 강릉에 힐링하러 가면 자연히 듣게 될 것이다. 두 분에게 박수를 쳐주고 싶었다.

부정적인 표현을 하여 큰 낭패를 보거나, 인간적인 관계에서 좋지 않은 결과가 두려워 마냥 숨기고 살 수 있을까? 일순간은 그럴 수 있다. 매번 모든 일들을 자신의 감정을 숨긴 채 사는 것은 자아를 상실한 의미 없는 삶이다. 그렇다고 자신의 부정적인 감정 내면을 제대로 알지 못하면 어떨까? 무의식적으로 습관화된 부정적 감정이라면 상당한 문제가 있는 것이다. 자신도 모르는 내면의 상처 보호 본능으로 표현하지 않는 부정적 감정인지 파악해야 한다. 어떤 문제의 상황이 발생했을 때 문제의식적인 부정은 좋은 감정이다. 오히려 자신과 그 문제를 원활히 해결할 수 있는 건전한 부정이다. 그 문제의식의 부정은 누구에게나 필요한 엑기스 같은 감정이다. 부정적인 감정은 문제의 상황을 해결하려는 의지며 합리적인 감정을 나타낸 것이다. 문제의식은 아웃사이더에 서지 않고 주체적인 중심(中心)에 서서 바라보고 해결하려 든다.

세상을 살면서 나라에는 법규가 있고 조직과 집단, 개인 간에는 지켜야 할 원칙이 있다. 제아무리 원칙이 있지만, 인간의 내면에 숨겨진 부정적인 감정은 법규에 저촉은 받지 않는다. 그러나 그 부정적 감정을 잘못 사용하거나, 부정을 위한 부정을 긍정처럼 표현하는 것은 위선이며 자아는 상실이다. 심리적인 기저에 의해 형성된 감정이라면 치유해야 한다. 가짜 감정의 부정적인 자기감정을 지속적으로 둔다면 늘 불안하고 외롭다.

부정적인 감정으로부터 자신을 보호하기만 하고 어떤 행동을 하지 않는다면 어떨까? 시간 속에서 오히려 독이 된다. 불쾌한 감정을 회피하기 위해 자신의 삶은 제약 받는다. 생각과 사고의 폭은 좁아지고 삶은 더 불행해질 뿐이다. 해결책이 되지 못한다. 딴 곳에 신경을 쓰거나 마냥 '괜찮다'고 하며 참는 것 또한 올바르지 않다.

부정적인 감정일수록 표현하라! 위선된 부정적 감정을 올바르게 파악했다면 문제의식으로 자신의 감정을 표현해야 한다. 처음은 어렵지만 주변과 상대를 너무 의식하지 말자. 자기감정에 공감하는 것이 중요하다. 내 감정에 충실하며 그 감정에 공감을 표현하는 것이다. 그렇지 못하면 항상 나는 없고, 상대만 존재함으로 늘 공허하고 우울해진다.

부정적인 감정의 문제의식은 단연코 잘못된 것이 아니다. 단, 감정을 잘 파악하고 느끼는 생각을 논리적이며 있는 그대로 공감해야 한다. 자신의 감정을 천천히 상대의 감정을 고려하며 당당하게 표현하라. 상대는 처음엔 의아해하겠지만, 당신의 표정과 진정성 있는 문제의식 감정을 공감하게 될 것을 상상하면서 표현하라. 당신의 부정적인 감정은 결코 나쁜 것이 아니다. 문제를 해결하려는 긍정적인 감정은 상대도 감동한다.

04

비교하는 열등감을
벗어나는 법을 배우라

부정적인 인식으로 고통 받은 감정이
삶에 준 영향들을 직면해보라.

열등감이 주는 폐해를 알아야 한다

절대 빈곤이 되면 상대와 비교에서 견딜 수 있다. 그러나 상대적 빈곤
이 되면 견딜 수 없다. 직원들에게 무엇을 의미하는지 교육 시간에 말한
다. 절대적으로 가난했던 초창기 우리 회사는 오히려 팀워크도 좋았고 분
위기도 좋았다. 작은 회사이니까 누구도 우리를 괴롭히거나 위협하는 경
쟁 업체도 없었다. 차츰 규모가 커지고 지점수가 늘어나며 올망졸망한 업
체들이 경쟁적으로 툭툭 권투에서 잽을 날리듯 치고 들어온다. 처음엔 화

들짝 놀라기도 했다. 이내 자세를 바로잡고 같이 잽을 날려본다. 그쪽이나 이쪽이나 별반 차이 없는 맷집인데도 '남의 손에 떡이 더 커 보인다'는 말처럼 우리 회사가 하수급이라고 느끼는 비교하는 열등의식이 문제다.

서로 인정하지 못하는 경쟁 업체 관계다. 내적 감정은 주관적으로 느끼는 상대적 빈곤이 나타나는 심리가 있다. "가게는 회사 되기가 힘들다"고 직원들에게 말한다. 상대는 가게이지만, 우리는 가게를 만드는 것이 아니고 회사를 만드는 것이라고 목청껏 말한다. 여러 예를 들어가며 직원들을 어떤 땐 새벽까지 끌고 대화를 나누기도 했었다. 상대적 빈곤으로부터 오는 열등의식을 탈피하기 위한 교육을 수없이 했다.

개인이 갖는 물질로 인한 절대적 빈곤은 열심히 노력하면 벗어날 수 있다. 하지만 같은 조건에서 다른 사람과 비교하여 적게 가질 경우 상대적 박탈감으로 오는 비교하는 열등 감정은 문제가 된다. 그로 인한 무의식 속에서 자신을 부정하고 어떤 문제에 합리적이지 못한 것이다. 이성적이지 못하는 불안 심리가 있다. 일명 비교하는 열등 콤플렉스다.

열등의식은 다른 사람과 비교하여 자신에게 능력이 없다고 생각하는 감정이다. 열등감에 빠진 사람은 자신을 무능하고 무가치한 존재로 인식한다. 무의식적으로 자기를 부정하기도 한다. 이성적이지 못한 불안 심리를 동반한 행동을 보이며 사소한 일에도 감정 조절을 못한다. 주변과 단체의 경쟁에서 자신은 실패할 것이라는 부정적인 생각에 사로잡히기도 한다.

열등감으로 문제의 상황이 되면 자신의 단점이면서 약점이 노출되는 불안과 공포를 느낀다. 자신도 모르게 직면한 상황에서 회피하려 한다. 대중 속에서 고개를 푹 숙이거나, 구석진 위치나 자리를 선호하기도 한다. 열등의식 감정은 자신에게 있는 외모적 장애나 정신적인 내면이 느끼는 차별 비교의 열등과 사회적 신분에 의한 원인 등으로 다양하다.

사회생활을 하면서 자신의 약점인 학력 열등감을 가진 사람은 학교 이야기만 나오면 피하는 것처럼, 또 다른 자신의 숨겨진 내면이 드러나는 것을 항상 걱정하고 불안해한다.

열정과 목적이 이끄는 성공하는 삶이 되자

초창기 우리 회사는 입사하는 모든 직원에게 필독서가 있었다. 햄버거로 그 당시 공산국가까지 잠식한 맥도날드에 관한 책이다. 바로 창립부터 거대한 기업을 이룬 레이 크록이 역경을 이겨낸 이야기를 담은 『맥도

날드 이야기』이다. 우리 회사는 서비스 조직에 속하지만 수직적 조직보다 수평적 조직을 원했다. 그러기 위해선 무엇보다 조직의 직원들이 회사의 정체성을 갖도록 하는 일이 중요했다. 한 개인만 잘 먹고 잘사는 것이 아닌 한국을 대표하는 세계적인 회사를 만들자는 목표를 세웠다. 그렇게 되면 자연적으로 개인의 의식과 삶의 수준은 동반 상승하는 것이다. 미래 지향적 '국가와 민족 회사'의 정체성 의식을 갖고자 했다.

우리는 상대적 빈곤감이 주는 열등감을 없애기 위한 차별화된 의식을 원했다. 창업 3년차 때 기록한 비망록(?)을 보면 회사 내부의 재정은 늘 빠듯했다. 하지만, 해마다 우수한 직원을 세계적으로 유명한 외국 박람회와 견문을 넓히는 연수를 보냈다. 선진화된 시스템과 자부심을 기르기 위해서다. 한편 장학금을 주면서 못 다한 공부를 하게 하며, 단순직은 일정 기간이 지나면 해외 위로 여행으로 심신을 달랬다.

그 당시 경쟁 업체 어디에도 없는 일들이다. 직원들에게 가치를 공유하여 한 팀으로 가기 위해서는 열등감 탈피가 무엇보다 중요했다. 마치 로켓이 발사되어 이륙할 때 최고의 에너지를 소비하여 완전 공중으로 이륙하면 유유자적(悠悠自適)하게 비행하는 것처럼 되길 원했다. 상대적인 비교에서 생기는 열등감을 탈피하는 것은 많은 긍정 에너지를 소비하는 과정에서 이루지는 것이다.

자신이 한 일에 대하여 생각할 때 스스로 미흡하게 여기는 것은 자격지심이다. 타인과의 비교에서 오는 자신의 감정을 말한다. 반면 상대에 비해 자신이 못하다는 것이나 능력이 없다고 생각하는 만성적인 감정은 열등감이다. 비슷한 용어지만 차이점은 부정적인 감정이 어디서 나타나는가이다.

우리는 곧잘 타인과의 비교를 자신도 모르게 할 때가 있다. 직장에서 업무 스킬이 명확하고 속도감 있게 맞춰서 잘하는 이는 있다. 외모나 스펙, 남다른 의식 등으로 항상 어딜 가든 인기가 있는 사람도 있다. 인간관계가 좋은 사람들을 보면 자신도 모르게 비교해보는 것은 비정상이지 않다. 그렇지만, 잠깐의 미흡함은 들지만, 자격지심이나 열등감으로 자신을 비하하지 않는다.

여러 상황들에서 비교하여 자신에게 능력이 없다고 생각하는 것은 만성적인 열등감이다. 자격지심은 좀 더 많은 의미가 있지만 공통점은 부정적 감정이다. 이들은 피해의식을 갖게 됨으로 지나치게 방어적이거나 공격적 성향이 있다. 타인과의 인간관계에서 문제가 된다. 자기 자신을 무능하다고 생각하며 무가치한 존재 의식으로 자신을 부정한다. 미워하기도 한다. 합리적이고 이성적이지 못한 불안한 생각에서 벗어나지 못한다. 때로는 이해되지 않는 행동을 하거나 자신을 비하한다.

많은 다양한 분야에서 항상 자기는 남들에 비해 모자라며 사회적인 경쟁에서 질 것이라는 부정적인 생각에 빠져 있다. 사람들은 누구나 자신이 상대보다 못한 부분이 있다는 마음을 지니고 있다. 문제는 모든 분야에서 자신은 부족하다는 열등감이 주는 지나친 생각으로 낮은 자존감을 지닌 이들이다. 이러한 부정적 감정은 우울증이나 불안 장애의 원인이 되는 과정이므로 반드시 극복해야 한다.

성공은 대단한 사람만 하는 것이 아니다

한 가정이 잘 되려면 좋은 부모가 되어 자녀를 잘 양육해야 하듯이, 한 회사가 잘 되려면 인재를 잘 키워야 되는 일은 무엇보다 중요하다. 그렇지 못하면 작은 가게는 회사가 될 수 없는 것과 같다. 우리 회사는 팀워크가 조금만 흔들려도 안 될 정도로 예민했다. 무엇보다 사사로운 개인의 열등감이 조직화되는 것을 우려했다. 때로는 윗사람의 결정이 잘못되는 일이라도 팀워크를 위해 배려하고 기다릴 줄 알아야 했다.

윗사람의 감정 의식은 무엇보다 중요하다. 열악한 작은 회사가 제대로 가려면 긍정적이고 열정적인 도전의식이 무엇보다 필요하다. 어느 지점에서 손익분기점의 적자가 날 수도 있다. 비교하여 열등감이 생긴다면 문제가 된다. 다만 그 적자가 줄어들면 괜찮다. 상대적으로 흑자 나는 지점이 흑자가 줄어드는 것은 문제가 된다. 부정적인 감정이 쌓일 틈이 없었다. 강한 조직 중심의 자존감은 나중에 많은 좋은 결과들이 됐다.

유독 적응하기 힘든 사람들도 있었다. 처음에 잘 이해하지 못했고 힘들어했다. 부정적 감정으로 장기근속을 못 하는 일이 대부분이었다. 그러나 남은 직원들은 그들이 떠나도 그들에게서 찾은 우리가 몰랐던 새로운 장점을 우리 것으로 꾸준히 습득하고 더 잘하려고 했다. 그렇게 했기에 10년 동안 1500배의 성장이 가능했다.

조직은 타 조직과 비교하여 나타나는 열등감을 극복해야만 발전이 있다. 개인 또한 마찬가지다. 무엇보다 자신이 소속된 조직의 정체성을 찾는 것이 중요하다. 부정적이고 비교하는 열등감에서 벗어나야 한다. 그러기 위해선 자신이 지닌 열등감을 어떻게 극복할 것인가를 여러 방법으로 찾아야 한다. 처음에는 잘 안 될 수도 있다. 한 번 시도하고 안 된다고 포기하기보다 무엇보다 정직하고 겸허하게 자신을 직면하는 것이 중요하다.

먼저 자신이 생각하는 의식과 잘 알지 못했던 무의식을 들여다보아야한다. 자신이 기억하고 있는 의식적인 것과 자신도 잘 알지 못하는 기억

나지 않는 무의식을 말한다. 열등감은 자신도 모르는 무의식속에 더 많이 잠재해 있다. 어떤 일에 대해 자신도 의식하지 못했던 열등감이 생기는 건 무의식의 영향이 크다.

비교하는 열등감을 극복하기 위해서 그 감정이 어떻게 형성되었는지 자아의 내면을 깊게 탐구해야 한다. 어떤 무엇에 자신이 없는지, 어떤 계기가 된 부정적 감정의 원인을 탐구하라. 깊이 자리 잡은 부정적인 인식으로 고통 받은 감정이 삶에 준 영향들을 직면해보라. 인지하지 못하던 무의식을 의식화하여 부정적이었던 그들을 인정하고 받아들이라!

인간은 누구나 완전하지 못하다. 자신이 잘하는 강점이 상대에게는 약점이 될 수 있다. 모자라는 부분을 완전해지려고 노력할 뿐이다. 완전해지려고 애쓰는 대신 부족한 자신을 인정하고 사랑하는 것이 무엇보다 중요하다. 비교하는 것을 멈추고 긍정하며 장점을 찾아라. 내면을 변화시키고 자존감을 높인다면 당신의 인생은 한층 더 돋보이게 된다.

05

마음을 억지로
바꾸려 하지 말고 인정하라

정말 원하는 마음이
무엇인지 확인해보라.

인정하지 못하는 것은 마음이다

잘 안 되는 것을 억지로 바꾸려 하면 고집이다. 설령 그렇다 해도 누구나 자기 의견을 바꾸거나 고치지 않고 굳게 버티는 마음 벽은 있지 않을까? 누구나 한 번쯤은 다른 이와 감정 문제로 신경 쓰이는 고민을 겪는다. 만나는 이마다 좋은 관계를 원하지만 쉽지 않다. 가끔 싫은 사람과 관계를 끊고 불편한 사람과 어울리지 않고 싶다. 어려운 관계가 얽혀 있어 어울릴 수밖에 없는 관계는 괴롭다.

사회에서 우리는 웬만하면 웃는 얼굴로 대하려 한다. 주변과 좋은 관계를 맺기를 원하고, 상대의 좋은 점을 찾으려 하고 공통점을 누리며 기억하려고도 한다. 웬만한 불편한 점도 맞춰주려고 애쓰기도 한다. 어떤 일에든 긍정적으로 생각하려 하지만 수용하기 힘든 일은 큰 의미가 된다. 상대의 마음을 바꿀 수 없으니 내가 달라져야겠다고 생각도 해본다. 그러다 보니 자연히 내 인생의 주도권을 빼앗기는 것 같다.

마음에 들지 않아도 상대를 인정하고 살아간다는 것은 어려운 감정이다. 가정에서나 사회에서 늘 상대에게만 초점을 맞추고 산다면 어떻게 될까? 감정은 억압당하므로 당연히 스트레스를 받는다. 그렇다고 상대를 인정하지 못하면 주변에서 뭐라고 할지 고민한다.

인간관계에서 나를 헤아려주면 행복하다. 마음 고민 없이 가정이나 직장 동료가 배려해준다면 더없이 좋다. 하지만 상대가 자신을 억압하며 위선으로 나를 배려했다면 마냥 행복할 수만은 없다. 그 상대는 다른 이에게도 위선의 감정으로 대할 것이다.

우리 회사는 단체연회 외식업체로서 지방과 수도권 여러 지점을 두고 있었다. 그러니 회사에는 늘 애로사항이 발생했다. 여러 지점 필요 물품을 조달하는 자회사 물류팀은 늘 바쁘다. 600여 종의 품목들 중에서 빠짐없이 원하는 요구를 제대로 충족하기는 힘들었다.

공급받는 부서는 자신들이 원하는 물품 스타일이 있다. 한 가지 품목만 해도 여러 형태가 있기에 전문적인 지식 없는 담당자는 처음에 많이 당황한다. 몇 백 킬로미터를 달려가 지방으로 배송해간 물품이 원하는 것이 아닐 경우 늘 언쟁이 있었다. 처음 얼마간은 애로사항을 인정하고 넘어갔다. 그러나 반복되는 과정에서 많은 짜증이 났다.

억지로 서로 맞춰주려 했던 마음은 반복될수록 감정이 쌓인다. 그들은 선호했던 구매물품이 제대로 입고되지 않으면 본부에 불평불만 했다. 회사는 모든 품목을 세밀하게 일괄적으로 단일화시키고 고유 넘버를 부착시켰다. 이후 대폭 줄어든 불평은 새로운 좋은 협력 관계로 형성되었다. 이처럼 인정하며 잘 해결된 분야도 있지만, 상대의 의견을 받아들이지 않아 실패하는 부분도 있었다. 특히 경력자 직원들에게서 나타난 일이다.

과거 본인 경험도 있지만 더 많이 다양한 경험자의 의견을 경청하지 않으려는 고집이 있었다. 자존심인지 알 수 없지만 인정하지 않으려 했다. 좋은 관계가 안 되는 것은 당연했다. 몇 번의 시행착오를 겪으며 실패했던 대안을 만들었다. 성공하면서 결국 인정하며 의사소통하였다. 처음은 어려웠지만 그 후 웬만한 품목에 대한 의견도 인정하며 수정 보완하고 인정하였다. 불편한 감정을 억지로 바꾸지 않고 인정하며 시스템을 보완하였던 경험이다.

불만은 개인 간이나 조직의 감정을 억압하지 않고 문제의 근원을 찾아 보완해야 한다. 주도적인 것은 그냥 만들어지는 것이 아니다. 처음 시작은 불편하고 적대시하고 언쟁이 있을 수 있다. 내외적인 갈등과 서로 간의 의견 대립으로 논쟁하지 않고 상대의 입장을 존중함으로 대안을 찾아야 한다. 마냥 그냥 둔다면 어느 한쪽은 자꾸만 쌓이는 억압으로 인해 그 업무를 진행하지 못했을 것이다.

자기감정을 억압하고 상대에게만 맞추는 것은 어떨까? 자신의 인생 무대에서 조연이 되고 상대가 주연이 되는 것과 같다. 즉, 본인이 판단해야 할 마음을 상대에게 주도권을 주는 것이다. 그로 인해 자신이 선택한 잘못된 의사소통으로 괴롭고 힘들어 한다. '나는 왜 이러는지 모르겠다'고 지나치게 남들과 비교하고 자책하게 되어 부정적인 나쁜 감정이 된다.

세상에서 주목받던 인기인이 하루아침에 생을 마감하는 일도 있다. 자신의 부정적인 마음을 억지로 바꾸려 해보지만 잘되지 않아 고통에 지친 것이다. 벼랑 끝 같은 외로움과 우울한 고통으로 죽음을 결심한다. 절박

한 순간에서도 자신의 마음을 이해하고 인정할 수 있다. 정신의학 전문가들은 그들이 마지막에 마음만이라도 있는 그대로 인정하고 받아들인다면 의미 있는 삶으로 바꿀 수 있다고 한다. 인정하지 못하는 것은 마음이다.

우리의 뇌는 긍정적인 방향으로 바꾸는 힘이 있다. 좋은 경험을 하면 느껴지는 좋았던 감정은 뇌 속에 저장된다. 뇌 자체의 자극으로 인한 긍정적인 방향이 된다. 반면 마음 경영이 안 되는 이들은 자신보다 매사 상대가 원하는 방향으로 공감하려 한다. 자신의 속마음을 숨기고 억지로 바꾸려 해보지만 괴롭기만 할 뿐이다. 합리화하려는 마음과 억압된 감정은 어느새 자신도 모르게 이중적인 인격이 된다.

생각하는 의식을 바꾸면 모든 것이 달라진다

조직에는 리더 스타일과 참모 스타일이 있다. 그들은 업무로 인한 선택을 하기 마련이다. 지나치게 완벽하려는 J지점장이 있었다. 그는 매사 안 하면 몰라도 하려면 완벽해야 한다는 생각으로 꽉 차 있었다. 물론 좋은 장점이었다. 누구보다 일찍 출근하고 지점 전체를 세세하게 둘러보고 파악하는 일은 타의 추종을 불허했다.

그는 누구보다 현장에서 무엇이 필요한지 상상해서 꼭 있어야 할 것, 꼭 필요한 것, 꼭 필요했던 것들을 알았다. 아마 지금은 고인이 된 스티브 잡스 같은 현장감이라고 할까? 어떤 땐 부하 직원들이 좀 피곤하게 생각했다. J지점장의 적극적인 열성은 그 지점을 가보면 알 수 있었다. 정리정돈 무엇 하나 거슬리는 부분이 눈에 띄지 않았다.

시간이 지나고 J지점장의 성실함과 실천력의 한계를 볼 수 있었다. 매출로 이어지는 성과가 문제였다. 그는 참모의 자질을 갖추었던 것이다. 부하 직원을 인정하고 과감히 권한을 위임하여 자신은 더 중요한 매출을 이끌어가야 했다. 지점의 꽃은 매출이다. 회사는 베테랑 오른팔이 되는 직원을 보완했다. 그 후 그는 리더 스타일 지점장이 되었다. 회사가 보는 중점은 J지점장과 같은 장점은 꼭 필요하다.

제아무리 의식한들 완벽하게 모든 것을 다 잘할 수 있을까? 모든 이에게 인정받는 '정말 좋은 사람이야', '무엇이든 다 잘해'라는 평을 받기는 쉽지 않다. 주어진 상황이 부정적인 감정이라면 더욱더 마음을 바꾸기는 쉽지 않다. 그럼에도 불구하고 문제의 상황에서 자신도 모르게 해야 한다는 감정에 이끌리어 마음을 억지로 바꾸려 애쓴다면 어떻게 될까?

자신도 모르게 개인화된 사고의 폐해가 된다. 과거 성공했던 경험은 또 다른 새로운 문제를 모르면 마음 바꾸기는 성공할 수 없다. 인생은 끊임없는 선택의 연속이다. 어느 하나를 선택하면 또 다른 하나를 포기해야 한다. 어느 하나를 선택함으로써 따르는 마음의 감정은 결과가 중요함으로 신중하게 선택해야 한다.

상대에게 계속 다 잘하려는 마음이 앞선 나머지 자신의 감정을 다스리지 못한다면 감정의 노예가 된다. 억압으로 인한 스트레스는 마음과 정신에 많은 나쁜 영향을 끼친다. 괴로운 마음은 상처로 남는다. 감정이 격하게 된다면 자신을 더욱 자책한다. 어떤 땐 마음을 바꾸는 것이 죽기보다 싫을 때도 있다. 아무렇지도 않은 척 표출하지 못하는 억지의 마음은 삶을 포기하는 극단적인 선택을 할 수도 있다.

참모형의 J지점장에게 장점과 열정을 인정하고 그대로 유지시킨 것은 탁월한 선택이었다. J지점장의 권한을 일부 위임하여 단점을 보완하는 인재를 배치했다. 그들과 회사는 가장 잘한 성과를 창출해내었다. 회사의 인사권 선택과 한 개인의 원치 않는 마음을 억지로 바꾸지 않고 인정하는 것은 같은 맥락이 아닐까 생각했다.

개인의 마음을 억지로 바꾸는 것보다 존재의 가치를 아는 것은 매우 유익한 일이다. 억지로 바꾸기 힘든 마음을 포기하고 또 다른 자신의 가치를 부여할 수 있는 하나를 선택하는 것이다. 그리고 자신이 가진 모든 역량에 집중하여 나아가 성공하는 것이 중요하다. 그러기 위해서는 마음을 선택을 할 수 있는 연습이 필요하다.

마음을 억지로 바꾸려 하지 않고 인정하려면 먼저 자신이 정말 원하는 마음이 무엇인지 확인해보라. 그리고 할 수 없다는 부정적인 마음을 골라내라. 정말 원하는 마음을 선택했다면 왜 자신이 그 마음을 선택했는지 스스로 자신에게 물어보라. 만약 자신이 없거나 의심이 든다면 왜 선택했는지 질문해보라. 선택한 마음이 빠른 답변을 한다면 자신을 믿고 인정하며 나아가라. 머뭇거리고 억지로 대답한다면 다시 신중하게 생각해야 한다. 인정한 마음을 일상적인 일부터 신속하게 매사 결정해보라. 포기하거나 실망하지 마라. 따르고 싶은 롤 모델이 있다면 따라 해보라. 자신도 모르게 변한다. 어려운 마음 선택의 긴장 완화를 위한 역동적인 자신만의 운동이나 조용한 명상으로 긴장을 해소하면 많은 도움이 된다.

06

부정적 감정 대신
긍정적 감정을 선택하라

감정은 풀 수 없는 수수께끼가 아닌
자신의 감정을 나타내는 진술서와 같다.

상처를 남기는 부정적 감정을 보라

오래전 초여름 늦은 밤 퇴근하면서 발생한 일이다. 밤 12시 넘어 퇴근
하는 것이 일상이 된 지 몇 년째 되던 때다. 도심의 제법 큰 사거리 좌
회전 불빛을 보고 진입 순간 황색 불빛으로 바뀌었다. 신속히 주행하는
내 차 좌회전이 끝날 때까지 모든 차량은 신호가 바뀌기를 기다리고 있
었다. 그런데 느닷없이 인도 변에 서있던 택시 한 대가 달려 나왔다. '뭐
야?' 하는 순간 나는 상대방 차량 내려진 유리문 안으로 불빛에 비치는

택시기사의 얼굴을 보았다. 문제의 기사는 두리번거리며 손님을 찾는지 내 차 진행을 보지 않고 반대 방향으로 얼굴이 돌려져 있었다. 방향 전환하려고 안간힘을 썼지만 일순간 두 차는 추돌했다. 늦은 밤 사거리 교통은 오가는 차들이 엉키어 정체가 일어났다.

나는 너무 놀란 나머지 차량 핸들을 붙들고 앉아 내리지 못했다. 주변에 누군가 도와주어 겨우 내렸다. 얼마나 놀랐는지 외상은 없었지만 추운 겨울밤 사시나무 떨듯 떨며 그 기사를 향해 마구 소리를 질렀다. "왜 신호도 제대로 안 보고 주행을 해요?"라고. 그 순간 나를 그 지경으로 만든 택시기사가 너무나 미웠다. 원망스러워 어떤 말로 소리치는지 나도 기억을 못했다. 형편없이 부서진 차량만큼 나빠진 감정이 됐다. 상대가 어떤 말을 해도 귀에 들어오지 않았다. 급기야 경찰차로 호송되어 사고 경위를 조사받는 일에 이르렀다. 먼저 조사를 받고 일어서 돌아보니 내 뒤에 앉아 있는 그 기사가 있었다. 푹 숙인 고개 옆으로 근심 어린 표정을 보니 '아뿔싸!' 비로소 한 가정의 남편, 아버지가 보였다.

일상에서 결코 수습할 수 없는 부정적인 감정을 겪을 수 있다. 순간적인 상황 돌출로 인해 자신도 모르게 욱하고 올라오는 감정은 있다. 제어하지 못했던 경험은 누구에게나 있지 않을까? 예상치 못한 문제 발생, 분노 폭발로 인해 오는 후폭풍은 만만치 않다. '그때 조금만 더 깊게 생각해볼 걸' 자책감도 든다. 욱! 하는 순간 치솟는 감정은 생각할 틈도 없다. 급기야 우울하고 불안하다. 반복되면 점점 더 부정적 감정이 되어 아픔으로 자리 잡는다. 감정은 전염되는 특성이 있다. 특히 조직에서 일어나는 소수의 부정적인 감정이라도 그 전염성은 강하다. 부정적인 감정이 확산되면 그로 인한 성과 저하 등으로 조직 내 악영향을 미친다. 현대의 직장인은 맡은 성과의 압박, 동료와의 치열한 경쟁, 인간관계 등으로 피로하고 스트레스가 많다. 따라서 회사는 조직 내 부정적인 근원지를 찾아내려고 한다. 확산을 막기 위해 많은 다양한 노력을 한다.

다수의 직장인은 스트레스로 인한 우울, 분노, 불안, 좌절, 권태 등 부정적인 감정을 쉽게 경험한다. 때로는 스트레스를 받아 '직장을 그만두고 싶다.'라고 생각을 한다. 부정적인 감정은 모습이 없다. 조직은 구성원들이 느끼는 부정적인 감정들이 바이러스처럼 퍼지는 결과를 우려한다. 부정적인 감정은 조직 전반적인 분위기에 영향을 준다.

부정을 뛰어넘을 수 있는 긍정으로

급기야 회사에서 할 수 있는 인사 발령권을 발동시켰다. 수도권 S시에 있는 지점의 두 직원을 다른 지점 이곳저곳으로 트레이드를 시켰다. 그대로 두면 부정적인 오염으로 현재 있는 직원들을 보호할 수 없었다. 정신이 투철한 타 지점의 직원과 맞교환한 것이다. 트레이드의 발단은 명철한 창립 멤버였던 부하 직원이다. 입사한 지 얼마 지나지 않은 상위권자를 다른 곳으로 보내 달라는 요청을 해왔다. 요청의 핵심은 부정적인 그 상위권자를 그곳 조직에 두면 안 된다는 것이었다. 새로 입사하여 좋은 인재가 될 가능성 있는 직원들을 부정적인 직원으로 만들 것 같아서 안 된다는 우려다. 방출을 요청한 직원은 상사인 그에게 당당하게 '그러려면 퇴사하라'고 했다. 그동안의 많은 시간을 올바른 정신 교육을 위해 강행한 결과가 아닐까 했다.

회사는 이미 부정적 바이러스에 물들었다고 판단되는 직원 한 명과 각자 다른 멀리 떨어져 있는 튼튼한 조직 이곳저곳 지점으로 인사발령을 결단했다. 그리고 전사적으로 전체 직원의 '칭찬 릴레이션'을 시작했다. '직원과 직원의 서로서로 칭찬', '직원과 고객과의 서로 칭찬', '고객과 고객과의 칭찬'을 하는 릴레이션 캠페인을 했다. 처음 시작은 다소 서먹했지만 시간이 지날수록 습관화되어 많은 긍정 에너지 돌풍을 몰고 왔던 경험이다.

개인이 경험하는 감정은 다양한 경로를 통해 자신의 삶에 영향을 준다. 조직도 그렇다. 그 감정을 통해 개인의 생각과 삶이 변화한다. 조직에서 구성원들의 태도와 맡은 업무 처리 방식에 영향을 준다. 결과적으로 좋은 생각은 자신의 삶과 조직의 성과로 이어진다.

심리학자 웨이스(Weiss) 교수와 크로판자노(Cropanzano) 교수가 제시한 정서적 반응 이론(Affective Events Theory)에 따르면, 조직 내에서 일어나는 다양한 상황들을 통해 경험하게 되는 감정은 업무와 관련된 태도 형성 및 행동에 영향을 미친다고 한다. 즉, 불안, 분노, 우울 등의 부정적인 감정은 업무에 대한 집중력을 떨어뜨리고 의사 결정의 어려움을 야기하는 등으로 성과의 저하를 가져오게 된다는 것이다.

대인 관계에서 많이 나타나는 인간의 감정은 다양한 반응을 한다. 어떤 대상에 대한 반작용으로 자신의 생각과 느낌으로 긍정적 반응이 있는 반면 부정적 반응이 있다. 긍정과 부정은 자신이 원하는 것과 관계된다. 좋은 결과를 달성했을 때나 과정 중 좋은 영향을 미치는 상황일 때 긍정적인 감정이 생긴다.

감정이란 사람이 어떤 대상의 사람, 사물, 사건에 대한 반사적인 느낌이다. 목적하는 감정은 사회적으로 올바른 것인지에 대한 여부는 중요하지 않다. 자신에게는 즐거움이 되는 긍정적 정서도 어떤 타인에게는 부정적 정서가 된다.

전환된 긍정의 감정이 주는 행복

창립한 지 3년여 되는 작은 우리 회사가 우수사원을 뽑아 세계적으로 유명했던 일본으로 단체 박람회 연수를 갔다. 세계에서 제일 친절하다는 일본의 음식, 문화, 서비스 등 선진화 된 경험을 체험하고자 했다. 그 당시 우리는 일주일 동안 몇 천 명의 음식을 준비하여야 했다. 몇 년 후에는 몇 만 명이 되었지만, 그때 우리는 모든 음식을 힘들게 직접 손으로 다 조리했다.

박람회에 전시된 고가의 자동화된 기계가 우리가 손으로 만드는 과정을 순식간에 만드는 것을 보고 깜짝 놀랐다. 기계 매뉴얼대로 하면 우리는 몇 시간씩 하는 음식이 순식간에 만들어졌다. 초밥 만드는 기계, 김밥 만드는 기계 할 것 없이 너무나 선진화된 기구와 기계로 자동화된 그들이 부럽기만 했다. 우리의 메뉴는 가격대별로 다르며 종류는 여러 수백 종이었다. 가난했던 우리 회사는 구입하지 못했지만 은근히 시샘이 나고 부러웠다.

그때 그 기계를 사지 못했던 부정적 현실을 훗날 긍정적인 생각으로 바꿀 기회가 만들어졌다. 지방에 지점이 만들어지면 우선 그 지역민과 친해지려 했다. 우리가 원하는 메뉴를 제일 잘하는 단일 손맛 집을 협력

업체로 등록하여 지역민과 화합했다. 기계의 편리성도 있지만 그 협력업체들은 자신들의 손맛을 알리는 우리 회사의 좋은 파트너다. 홍보 역할을 했다. '로마에 가면 로마인이 되라'는 말처럼 우리는 되도록이면 지역민과 좋은 교류가 되려고 애썼다.

회사에서 운영하는 중앙공급 센트럴키친도 있었지만 그 결정은 참 좋았다. 회사는 그들 업체의 위생을 정기적으로 순회하며 체크했다. 협력업체들은 지속적인 안정된 매출로 이어졌다. 그 반응으로 그들 지역민 주변, 집안 대소사 행사를 함으로 입에서 입으로 이어졌다. 전파된 좋은 긍정적인 반응은 '타지인'이라 배척하는 부정적인 감정을 허물었다.

긍정의 감정을 선택하려면 먼저 부정적 감정에서 탈피하는 것이 중요한 과제다. 부정적 감정을 긍정적으로 이해해야 한다. 감성 지능을 리드하는 역량을 강화하는 훈련이다. 왜 부정적인지 부정적 감정을 이해해야만 긍정적인 감정을 선택할 수 있다.

부정을 위한 부정적인 감정도 문제다. 반면 긍정을 위한 긍정도 문제다. 부정적인 감정을 내재한 채 상대에게 긍정하는 감정들은 일순간은 참을 수 있다. 반복되면 개인과 조직에서 당연히 존재감은 없는 빈 껍질 같은 존재가 된다. 부정적이 된 감정을 알려면 자아 존재감이 명확한 감성 지능으로 내면을 들여다보아야 한다. 모든 감정은 풀 수 없는 수수께 끼가 아닌 자신의 감정을 나타내는 진술서와 같다.

정신과 육체의 건강은 어떤 마음으로 받아들이는지에 따라 많은 연관성이 있다. 슬픔과 같은 부정적 감정을 받아들일수록 정신과 신체 건강상태는 나빠진다. 이를 긍정적인 관점에서 보려고 노력하는 사람들은 건강 상태가 나빠지는 경향이 훨씬 줄어든다.

세계는 현재 바이러스로 인하여 매우 우울하고 힘든 전쟁을 치르고 있다. 개인과 조직의 건강, 경제 등이다. 장기간 동안 어느 누구도 피할 수없는 오늘의 현실이다. 통제와 건강, 경제적 손실로 인한 부정적인 감정이다. 우울하고 두렵고 공포스럽다. 사회적인 공동체 시스템에서 벗어날수 없는 현실에 비탄에 빠져 있을 수만은 없지 않은가? 어떤 일의 시작은끝이 있다는 신호다. 무엇보다 부정적인 감정을 내려놓는 연습을 해야한다.

우울한 당신의 입가에 이제 살짝 미소를 띄워보라! 숨을 깊게 들이켠후 잠시 멈춰보라. 온 몸 머리부터 발끝까지 채워지는 팽만감이 가슴을터지게 할 것이다. 살아 있다는 것이 얼마나 소중한 것인지? 우리가 부정적인 감정 대신 긍정적인 감정을 선택해야 하는 이유다.

07

마음 회복탄력성
높이기 연습을 하라

나는 누구인가?
자신을 들여다보라.

상처받은 마음을 돌이켜 기회로 보라

한번 상한 마음은 뇌리에 각인된다. 이후 비슷한 상황이 발생하면 잊었다고 생각했던 아픔이 여지없이 나타난다. 예전의 나쁘지 않았던 감정으로 돌아가는 것은 참 쉽지 않다. 특히 가까운 사이에서 일어난 아픈 기억은 아무리 이해해도 앙금의 찌꺼기 감정은 남는다. 다시금 돌이킬 수 있는 마음으로 돌아가기 위해 마음 회복탄력성을 연습한다고 가능할까? 사람의 뇌는 어떤 구조인지 왜 좋았던 기억보다 좋지 않았던 기억을 더 뚜렷이 기억할까? 그렇잖아도 서먹해진 상대와의 감정을 위선으로 겨우 참고 있다면 더 어려울 것이 아닌가. 인간관계에서 마음 상하는 일은 가정에서나 조직 업무 중 늘 발생하는 요인이다. 한번 상한 마음은 상처가 된다. 그가 다른 상황에서 어떤 말이나 행동을 해도 숨겨진 마음의 빗장은 쉽게 풀어지지 않는다. 이런 경험은 누구나 있지 않을까?

상대가 생각 없이 내뱉은 말 한마디나 행동에서 순간적인 연약한 감정의 상처가 되는 일은 허다하다. 경쟁적인 조직에서 발생한 감정도 내면의 상처가 된다. 그렇다면 오히려 복수할 수 있는 자신의 실력을 갖출 수 있는 연마 기회도 되지 않을까. 친구가 잘되어 내뱉는 한마디가 일이 제대로 풀리지 않아 끙끙거리는 내면을 찌르는 비수가 되기도 한다. 모처럼 모인 자리에서 애먼 술만 잔뜩 마시어 다음 날 숙취로 고생하기도 한다.

어느 날 D 지점의 비중 있는 책임자가 날 찾아왔다. 나는 반가움에 "웬 일이냐?"며 손을 덥석 잡고 흔들었다. 쉬는 날이라며 차 한잔을 하자는 그의 얼굴이 점점 어두워지는가 싶더니 안주머니에서 흰 봉투를 꺼내어 놓았다. 사직서 제출이다. "그동안 썼다가 지우기를 여러 번 했습니다." 라고 한다.

지방 대학을 나와 우리 회사에 입사했지만 언제나 말없이 자신의 위치

에서 솔선수범으로 잘하여 고맙게 생각했던 직원이다. 명문 대학 출신은
아니었다. 그는 우리 회사를 기회의 땅처럼 여기며 자신의 꿈을 그렸다
는 말을 한다. 자신과 같은 해 졸업한 동기들보다 연봉도 직급도 앞섰다.
하지만, 이제는 더 이상 머무를 수 없는 상황이라고 한다.

문제의 상위권자 K는 사사건건 간섭하며 자신을 무시했단다. 자신의
일을 미루고 잘된 일은 자신의 공로로 가로챘다는 것이다. 인사이동을
건의하여 타 지점으로 간다 해도 한 회사에서 더 이상 마주치기 싫다 한
다. 너무 많은 상처가 겹겹이 쌓일 때까지 참은 것을 나무라고 붙잡았지
만 D는 결코 돌아오지 못하고 끝났다. 다만 나를 보고 직접 말하고 오해
할까 봐 왔다는 그의 돌아서는 뒷모습을 보며 씁쓸한 감정은 어쩔 수 없
었다.

위기 상황으로 위축될 때일수록 마음 탄력성을 높여라

이처럼 쌓여 있는 아픈 마음 감정은 회복이 쉽지 않다. 하지만, 상한 마
음을 회복하려는 탄력성을 높이기 위하여 처음에는 연습으로 시도해볼
수 있지 않을까. 학교를 졸업하고 사회에 진출하여 직장에서 처음 일을
시작할 때는 꿈꾸던 일이 곧 이루어질 것처럼 기쁘다. 하지만 잠깐이다.

시간이 지날수록 지금 하고 있는 업무와 맞지 않거나 동료들과의 인간관계를 위해 잘 지내는 것도 힘들어진다면 차츰 현실이 버겁고 괴롭다.

청년 취업이 날로 심각해지는 올해는 바이러스로 인하여 많은 통제와 고통을 받고 있다. 대기업이나 중소 영세업체는 장기간의 경제 경기 몸살로 위축될 수밖에 없다. 이제 취업난은 전 연령대로 확산되고 있다. 스펙이 아주 좋아도 포기하고 우선 생업을 위해 신입사원으로 지원도 한다. 목표를 세우고 매진하며 최선을 다해 해왔던 시간과 노력, 경비는 어디서 찾을 수 있을까? 아픈 마음의 존재감이 우울하고 자신이 없는 미래를 더욱더 불안하게 한다.

과거 우리 회사도 경제 불황 때 많은 고민을 했다. 대책 회의는 짧게 하고 세분화하라고 지시했다. 회사도 총체적인 경제 위기로 타격을 받을 수밖에 없었다. 그러면 사회의 유동자산 흐름이 원활하지 못하고 경제가 얼어붙었다. 각 부서마다 테스크포스(task force) 팀을 구성하고 위기를 헤쳐나가려 했다. 한편 솔직하게 위기 상황을 전 직원에게 설명한다. 하고 싶은 것을 하려 해도 돈이 없어 못 하는 스태그플레이션(stagflation)으로 불황 중에도 물가는 계속 올랐다. 그렇다고 손놓고 있을 수 없었다.

매출은 창립 이래 최고를 달성했지만, 그 매출의 행사 예약은 짧으면 6

개월 길면 이미 1년 전에 계약했던 행사이므로 현재의 매출이 아닌 과거의 매출이다. 현재 상황에서 제대로 탄력 받아 탈출하지 못하면 회복하기 어려웠다. 신체의 깊은 병이 잠복기가 있듯이 향후 6개월 후 1년 후 매출은 당연히 저조하고 잘못되면 도태될 수밖에 없었다.

회사는 모든 행사 가격을 10% 더 인상하라고 했다. 각 지점들은 난리다. "이 불황에 다른 업체는 가격을 내리는데 올리라니 말이 됩니까?" 하고 항명했다. 그럴수록 전반적인 맛, 분위기, 청결, 서비스 등 기본에 더충실하라 한다. 전 직원의 얼굴에 미소를 잃지 말라고 교육한다. "좋은 기회가 왔다. 미소를 잃지 말라." 그래도 직원의 소중함을 잊지 말라 했다.

아픈 상처를 회복할 수 있는 것은 나 자신뿐이다

상처받았다면 지금이야말로 마음의 회복을 위해 어떻게 할 것인가? 심층적으로 연구해야 하지 않을까? 살면서 한 번도 고통과 괴로움을 안 겪고 살려고 한다면 가능할까? 싫든 좋든 누구나 크고 작은 시련으로 마음의 상처를 받는다.

온 세계는 전반적인 위기다. 나라와 개인도 예외 없이 위기를 맞고 있다. 한 치 앞도 예측 못하는 깜깜한 그믐밤이다. 국가 책임자는 개인보다 내 나라 내 조국이 먼저여야 하고 개인은 자신이 책임진 가정과 직장에서 몸부림을 쳐야 한다.

울돌목 명량해전에서 13척의 배로 130척의 일본 수군을 대파한 이순신 장군의 "죽으려 하면 살 것이요 살려고 하면 죽을 것이다."라는 각오처럼 온 나라와 전 세계가 하나가 되어 위기를 벗어나려는 노력과 배려와 인류애가 필요하다. 한 사람의 위기의식이 개인과 가정, 단체와 조직, 국가들이 모여 벗어나려고 하나가 될 때 인류의 상처는 회복되는 탄력을 받는다.

위기로 상처 난 어려운 부정적인 마음을 어떻게 해야 할까? 무엇보다 자유롭고 회복하려는 의지가 필요하다. '나는 누구인가?' 자신을 들여다보라. 분명한 것은 신이 당신을 단순한 포유동물로 이 세상에 보내지 않았다는 것이다. 단호하고 굳건한 어떤 흔들림에도 끄떡 않고 자신을 에두르지 않는 당신을 원한다.

나는 기독교인이라 믿지 않지만 세상에는 조금만 나쁜 일이 발생하면 쪼르르 달려가는 곳이 있다. 자신의 주관과 그간 살아온 경험은 간데없고 단골 무당집에 간다. 오래전 내가 아는 C는 그곳을 다녀와서 풀이 죽어 시무룩한 울상이다. 그해의 집안 가족들 4명 중 3명이 삼재라서 모든 일을 조심하고 또한 푸닥거리를 해야 한다고 한다. 나는 할 말을 잃고 한참 지켜본다.

아이러니하게도 C의 남편이 다니던 회사에서 주식을 상장하려고 전 직원에게 저렴한 금액으로 우리 사주를 살 수 있게 했다. C는 걱정이 태산이다. 악삼재의 단골 무당의 말이 심하게 스트레스를 받아 밥맛도 잃었다. 그때는 주식의 개념이 오늘날처럼 정보가 많지 않았다. 나는 증권회사 아는 지인을 통해 알아보니 무조건 사라는 것이다. C에게 말했지만 도통 들으려 하지 않는다. 여러 날을 설득하고 달래서 함께 있는 유동자산을 다 털어 살 수 없을 만큼 샀다. C의 마음은 하루에도 몇 번씩 천국과 지옥을 오르내렸다. 나중에 C의 남편 회사 주식은 본인이 산 가격의 두 배로 상장되었고 급기야 세 배로 오를 때 팔아서 서울의 번듯한 단독주택을 구입하여 너무나 행복해했다. 나중에 C는 내게 말했다. 단골 무당네에 가서 그 얘기를 했더니 무당 왈 "그것은 악삼재가 아니고 복삼재여!" 했다는 것이다. 우리는 그 말을 하며 깔깔 웃었다. 모든 일은 마음먹기에 달렸다며 C는 내게 참 고마워했다.

인생에서 어쩔 수 없는 위기나 실패로 잊을 수 없는 상처 난 아픔은 있다. 각별한 이와의 생이별이나, 의도치 않은 실수와 좌절, 아끼는 마음을 몰라주는 일방적인 횡포 등이다. 회복탄력성이 낮은 사람일수록 지나치게 두려워한다. 마음 회복탄력성이 높은 사람들은 실수를 두려워하지 않는다. 상처 난 마음의 실수를 민감하게 반응하고 인정하며 받아들인다.

부정적인 감정을 이해하고 긍정적인 감정을 선택하라. 실수의 아픔은 더 큰 자신의 앞날을 설계하는 원동력이다. 마음의 뇌에 의식하는 긍정적인 감정을 세밀한 설계로 습관이 되게 하라. 보다 과감하고 도전적으로 새로움을 추구하자. 위기와 실패를 두려워하지 않는 당당함으로 마음 회복탄력성을 높이는 연습을 하라.

08

나만의 끌어당김의
법칙을 찾아보라

'난 할 수 없어.' '절대로 잘 안 될 거야.'
부정적 생각과 표현은 시작도 하기 전에 실패로 끝난다.

끌어당김의 법칙 신드롬

얼마 전 매스컴에서 올해에 제일 많이 팔린 책 1위가 부(돈)에 관한 책
이라 한다. 그중에서도 부와 행운을 끌어당기는 우주의 법칙, 행복, 성
공, 풍요와 원하는 것을 끌어당김의 법칙이라는 것이다. 심지어 사람들
을 끌어당기는 유혹의 법칙도 나타나 있다. 그것도 모자라 끌어당기는
절대법칙이라는 미디어도 있다. 끌어당김의 법칙은 주의를 기울이는 어
떤 것이든지 끌어당긴다고 한다.

워런 버핏도 『성공을 끌어당김의 법칙』이라는 책에서 돈을 벌 수 있는 방법이 딱 한 가지뿐인 것은 가장 큰 위험이라고 했다. 한 가지 일보다는 보다 다양하게 많은 일을 할 수 있어야 한다. 하나의 주요 소득원 외에도 많은 돈을 버는 주머니를 계획하고 실천해야 한다는 것이다. 이들의 말을 빌리자면 생각하는 것을 끌어당김의 법칙으로 이용하라 한다.

책들의 목차를 보면 부자가 될 권리, 부자가 되는 과학, 부가 저절로 찾아오게 하는 방법 등 거의 몇 마디 단어만 다를 뿐 거의 비슷비슷한 맥락이다. 왜 이렇게 사람들은 돈에 대한 관심이 많을까? 세상이 너무나 빠르게 변해가는 요즘 긍정적인 생각보다 미래에 대한 불안과 부정적 마음이 팽배함으로 믿을 것은 오직 부(돈)이라고 생각하는 현상이 아닐까?

오래전 2008년도쯤 성공의 법칙이 숨겨져 있는 『시크릿』이라는 책을 읽은 기억이 있다. 그 당시 어찌 보면 허무맹랑한 이야기일 수도 있는 책이었다. 비밀스럽고 은밀한 뜻의 책이 그때 선풍적인 인기를 끌었던 기억이다. 그 이후부터 많은 다양한 상품 광고 홍보물에 '시크릿'이라는 단어는 상품의 수식어로 등장했다. 작가 론다 번은 호주 출신으로 이전에 TV 프로듀서로 활동하였다.

그녀는 프로듀서의 경력이 있어서 그런지 작가로서 알게 된 삶의 방식을 전파하는 데에 대중매체를 적절하게 활용했다. 미국에서는 무명이었을 호주 출신의 그녀가 오프라 윈프리 쇼에 몇 번이나 초청되기까지는 방송 생리를 잘 알고 있는 그녀의 경력이 도움이 되었다.

그 책의 첫 페이지에 "우리가 원하는 것을 생각하고 집중하면 그것이 현실이 된다"고 되어있다. 자신이 주파수의 송신기란다. 원하는 것에 집중하면 현실로 만들어진다는 것이다. 그 당시 좋은 얘기들이며, 가슴이 찡해오기도 했다. 같은 인간으로써 공감할 수는 있는 부분은 많았다. 하지만 세상만사에 그 원리가 적용되기에는 너무 단순한 이론이 아닌가 하는 생각도 들었다.

끌어당김의 법칙은 허상인가?

지구가 우주의 중심이고 하늘이 지구를 중심으로 돌고 있다는 천동설에서 1800년대에 지구가 태양을 중심으로 돌고 있다는 지동설로 변화되었다.

주변 사람들 중 어떤 이는 유독 어떤 일에든지 눈에 띄게 잘 되는 사람이 있다. 하는 일이 손대는 것마다 잘된다. 그런 것만 아닌 단체에서도 행운권 추첨이라든지 보물찾기 등 일상에서도 그렇다. 그들을 가만히 자세히 관찰하면 동일한 점을 볼 수 있다. 자신의 주관이 뚜렷하며 인간관계가 잘되고 있는 점을 보게 된다. 항상 상대에 대한 배려와 감사로 주변의 어떤 상황에도 흔들리지 않고 감정의 기복을 나타내지 않는다.

끌어당김의 법칙의 핵심 개념 중 하나는 생각하는 것이 현실이 된다는 것이다. 온 우주 전체는 에너지다. 우리 인간의 생각 또한 에너지다. 단순한 상상을 하거나 생각이 마음속으로 흘러가도 그 순간 자신의 현실을 만들고 있다. 부정적이 아닌 긍정하는 것을 확신하는 믿음이 필요하다. 이것이 곧 끌어당김의 법칙으로 이루어진다. 끌어당김의 법칙 중 매우 중요한 또 다른 개념은 사람은 하루에 대략 6만 여개의 생각을 한다는 것이다. 사람이 모든 것을 기억할 수 없다. 모니터링 대신 인생에 중요한 행복감, 감사, 웰빙의 감각을 기르고, 느끼고, 실제처럼 체험하라 한다. 이 생각들은 자신이 바라는 이상으로 결과를 나타낸다는 것이다.

나는 올해 예순 일곱이다. 그동안 직장 생활 십여 년 외에 평생 사업을 했다. 올해 여름 시작한 작가의 삶은 불과 120일 동안 벌써 세 번째 책을 쓰고 있다. 그렇다고 나는 국어국문학과나 문예창작학과 전공자도 물론 아니다. 사업하면서 4년 동안 호텔조리 외식경영학을 전공하고 몇몇 국내외 유명 대학 최고경영자 과정을 공부했다. 그럼에도 불과 4개월의 짧은 기간 동안 두 번째 나의 책을 출간하고 세 번째 이 책을 쓰고 있다. 이제 나는 과거의 내가 아니다. 그동안 몇 년 동안 인생의 2막을 어떻게 살 것인가를 간절히 생각했다. 어릴 때 막연히 글쓰기와 그림 그리기를 무척 좋아했지만 작가나 화가를 향한 미래를 꿈꾸지 않았다. 다만, 나의 잠재적인 의식에는 책과 그림을 무척이나 좋아하며 살았다. 길을 가다가도 좋은 풍경을 보면 한 폭의 그림을 연상하고 좋은 글귀는 습작처럼 끄적대는 정도였다.

3년 전 하던 일에서 모두 손 떼고 아무도 간섭하지 않는 나만의 시간이 되어 처음으로 나의 마음을 쏟을 수 있는 블로그를 만들었다. 요즘 내 블로그 하루 방문자는 천 명을 훨씬 웃돈다. 작가로 변신 후 끊임 없는 간절한 감사의 시간이다. 힘들지만 아주 만족한 작가의 길로 간다. 지난 여름 허기진 배를 채우는 것처럼 28일 만에 두 번째 개인 저서를 완성했다. 내면의 나를 발견해주기를 기다리는 진실을 만났다. 끌어당김의 법칙이 적용된 것이다.

어떤 일이든 간절히 원하면 이루어진다!

옛말에 "지성(至性)이면 감천(感天)이다" 했던가. 과학을 모르던 그 옛

날에도 아낙네는 정한수 한 그릇 떠놓고 간절히 빌던 것도 우주의 끌어 당김 법칙의 일종이 아닐까. 성경에도 (마태복음 7장 7절) "구하라. 그러면 너희에게 주실 것이요", "찾으라. 그러면 찾을 것이요", "문을 두드리라. 그러면 너희에게 열릴 것이니" (8절) "구하는 이마다 얻을 것이요, 찾는 이가 찾을 것이요, 두드리는 이에게 열릴 것이니라." 했다.

무엇보다 내면의 세계를 다스리는 것이 중요하다. 생각과 의식으로 주요하지 않는 것은 잊어라. 원하는 삶을 만들어가겠다는 다짐과 그런 삶에 초점을 맞춘다. 자신의 인생이 즐겁고 만족스러워야 한다. 부정적인 힘든 인생의 불행한 인간관계, 아픈 건강, 가난 등 유익하지 못한 생각을 하는 태도를 바꾸지 않는 한, 절대로 끌어당김의 법칙을 통한 풍요는 가능하지 않다. 그들 부정적인 생각은 즉시 차단해야 한다.

나의 글쓰기를 코칭 해주신 〈한책협〉 김태광(김도사) 씨는 정말 불우한 환경과 지적 지능이 낮은 사람으로 늘 반에서 꼴찌를 맴돌던 사람이다. 그러한 그를 선생님은 물론 친구들도 무시했다. 설상가상 집안은 찢어지게 가난했다. 못 배운 부모님도 주변의 무시와 천대를 받았다. 어린 시절을 보내고 유명한 대학도 가지 못하고 어느 시골 전문대학에서 화장품 학과를 겨우 졸업했다. 친구들은 그럭저럭 그 계통의 회사에 취직했지만 작가가 되고자 하는 꿈이 있었다.

그는 말로 다할 수 없는 경제적 고통과 굶주림에도 결코 작가의 꿈을 놓지 않고 10년 동안 버티며 책 쓰기를 하여 사십대 중반인 지금 250여 권의 책을 쓰고 한국 책 쓰기 최다 기록보유자다. 간절히 끌어당김의 법칙은 1,000명이 넘는 작가 제자와 100억이 넘는 자산과 남부러울 것 없는 책 쓰기의 독보적인 존재가 되었다. 학교를 졸업했을 때 부친이 공장에 취직하라는 대로 자신의 꿈을 버렸다면 오늘이 있었을까?

모자란다고 친구와 주변의 멸시도 가난도 죽고 싶다는 우울함도 김태광 씨의 작가가 되겠다는 끌어당김의 법칙을 막지 못했다. 어떤 상황에서도 하고 싶은 꿈을 놓치지 않고 악착같이 노력한 김태광 씨를 존경한다. 자신의 지난 어려움을 생각하며 늘 감사하는 그를 본다. 과거 자신과 비슷한 젊은이를 보면 어떻게든 도와주려는 것을 볼 때 진정한 사랑의 실체를 본다.

나는 그분의 코칭을 받고 이미 감정 콘텐츠로 두 번째 책을 쓴다. 이번 책은 그분이 특별히 기획해 선물로 주셨다. 이 두 권의 책을 쓰면서 감정에 관한 일이라면 누구보다 코칭을 잘할 수 있게 됐다. 감정으로 인한 나의 숱한 성공과 실패의 경험이다.

이제 누군가 나에게 감정 상담 요청이 오면 고민에서 벗어나게 할 수 있다. 최경선 작가의 전화번호는 010-5388-9289다.

　"난 할 수 없어.", "절대로 잘 안될 거야." 부정적 생각과 표현은 시작도 하기 전에 실패로 끝난다. 성공이 어렵다고 생각하는 것은 이미 실패의 생각에 맞춰져 있기 때문이다. 부정적 생각을 하면 그것을 끌어당기게 된다. 나만의 끌어당김의 법칙을 만들어야 한다. 간절히 원하고 긍정적인 믿음이 만났을 때 강력한 끌어당김의 힘은 발휘된다. 첫 번째 지금 있는 것에 감사할 것을 작성하여 감사하자. 두 번째 마음속에 원하는 것을 그림을 그리자. 실제로 당신에게 있는 것처럼 생각과 느낌을 발생시키고 체험하라. 발명가가 발명품을 생각하지 않고 발명할 수 있겠는가? 당신의 내면 깊은 곳에서 당신이 발견해주기를 기다리는 진실이 있다. 나만의 끌어당김의 법칙으로 원하는 것을 노력하여 멋진 인생을 누리자.

4장

-

내
마음을
지키는
셀프
심리 코칭

01

세상에 일부러 실수하는
사람은 없다

실수를 두려워하지 않는
도전은 청춘이다.

나 자신을 높게 평가하라

고의적으로 실수하고 좋아하는 사람이 있지 않을까? 예컨대 원하지 않은 일이라든지, 책임부담으로 스트레스에 못 이겨 '에라!' 하는 마음이라면 가능하지 않을까? 어쩌면 상대의 관심을 끌기 위해 일부러 실수하거나 자포자기한 정도라면 가능하지 않을까? 상대를 고약하게 하려는 악한 감정은 고의적이고 실수가 아닌 죄악이다. 평범한 정상인이면 누구나 실수하기를 꺼린다.

본의 아닌 실수는 누구나 있을 수 있는 일이다. 다만 그 실수가 너무 잦으면 본인도 주변도 편하지 못할 것이 아닌가. 처음 몇 번은 '그러려니' 하겠지만, 반복되는 잦은 실수는 당사자도 그렇겠지만 주변도 마찬가지 아닐까? 만약 그렇다면 난처하고 편하지만은 않다. 일상적인 가사 일에서 설거지 중 무심코 깨뜨리는 그릇이라면 별 무리 없지만, 인간관계에서 감정이 수반되는 실수는 관계를 깨뜨려 엉망이 되기도 한다.

누구나 자신을 평가하면 좀 더 자신에게 후한 점수를 주려고 하는 심리가 있다. M 직원이 나를 찾아왔다. 회사의 인사고과에서 억울하다고 하소연했다. 인사고과 담당자는 시스템에 따른 직간접적이며 합리적인 크로스 체크 방식으로 했다. M은 "나는 언제나 내 일처럼 생각하고 일했어요." 한다. 자신은 누구보다 성실했다며 억울해 한다. 윗사람으로 난처했지만 '알았다'고 다독이며 돌려보내고 나는 한참 동안 망설였다.

직접 찾아와 저렇게 자신의 감정을 표현해주니 한편으로는 소중했다. 자칫 잘못되면 조직의 근간이 되는 원칙을 깨뜨리는 일이다. 시간이 지난 후 조용히 직속 책임자와 면담하는 과정에서 그 결과를 알았다. M은 자신의 말 그대로 성실한 직원으로 열심히 일했다. 다만, 동료와의 관계에서 오는 이해충돌로 조직의 분위기를 흩뜨리는 감정의 흐름이 원활하지 못하다는 지적이다. 회사는 난감했다. 늘 '1번 고객은 직원이다'라고 말해왔기에 신중해야 했다.

M은 자신은 늘 최선을 다하는데 동료들은 그렇지 못하다고 한다. 그러니 자연히 감정이 충돌되어 인사고과에서 불리한 결과가 되었다. M은 실수보다 자신의 감정에만 충실했던 것이다. 상대를 배려하는 인간관계에서 원활하지 못하다는 것이다. 회사 업무는 혼자만 열심히 한다고 되는 것이 아니다. 회사는 M과 같은 직원도 중요하다. 하지만 동료와 훌륭한 팀워크를 원한다. M에게 인사고과를 하는 이해를 시킨 경험이다.

실수는 했으나 실패는 아니다

직장이나 조직에서 실수로 인한 상사의 질책에 주눅 드는 것은 당연하다. 업무의 실수를 인정하고 질책에 본인 감정을 대입시키지 않아야 한다. 더 잘하는 계기를 만들고 훌훌 털고 아무렇지 않게 다시 시작하는 이를 보라. 그들은 담담히 잘못된 결과를 수용한다. 어떤 감정에도 흔들림 없이 더 잘할 수 있는 각오로 재도전한다. 실수는 했으나 실패는 아니다. 반면 같은 상황을 받아들이지 못하고 고민과 자신을 탓하며 일반적이지 못한 충격 감정으로 우울한 감정을 느끼는 사람도 있다. 누군가의 실수를 보고 '그래, 그럴 수 있어' 하는 반면 '저게 도대체 말이 되는 거야?' 하며 마치 자신은 전혀 실수를 안 하는 것처럼 비난하고 질책하는 요란한 이도 있다. 사람은 누구나 실수를 하면 기분이 좋지 않고 상처를 받는다. 스포츠 경기를 시청하다 보면 순간적인 실수로 자신의 팀에 치명적인 결과를 가져오는 광경을 본다. 그 선수를 안쓰러워하는 사람도 있다. 하지만 삿대질과 온갖 험악한 표현을 하는 사람도 볼 수 있다.

본의 아닌 실수로 주변의 비난에 아무렇지 않을 사람은 없다. 실수한 선수는 순간 다시 운동을 하고 싶지 않을 정도로 의욕을 상실할 수도 있다. 실수하는 찰나 주변의 표정들이 동시에 클로즈업되어 차라리 눈을 감아버리고 싶을 심정이 되지 않을까? 세상을 살다보면 이런 일이 이뿐이지 않다. 우리는 많은 실수를 하고 실수를 보며 그와 같은 실수를 하지 않으려고 누구나 노력한다. 반면 실수를 인정하지 않고 잘한 것도 없으면서 더욱더 반항적으로 행동한다면 어떻게 될까? 자신의 실수를 숨기기 위해 어리석은 선택을 하는 경우도 종종 있다. 잘못한 부분은 숨기고 자신이 잘한 부분만 나타내려 하는 이중적 위선도 있다. 인간관계에서 전혀 실수를 인정할 줄 모르는 잘하는 것만 표현하는 사람을 좋아할 사람이 얼마나 있을까?

우리 회사는 연말이면 무척 바빴다. 다양한 규모와 크기의 각종 단체 행사가 연중 가장 많이 열리기에 당연히 매출은 최고가 된다. 하지만 직원들의 피로는 아주 심할 수밖에 없다. 그러나 즐거운 일은 연말 마지막 날 전통처럼 이어오는 일이 있다. 1년 중 마지막 날 전국의 지점들이 각 업무를 맡치고 본부에 집결하여 송년회 이벤트 축제로 밤을 새운다. 이어 새해 첫날 새벽 4시가 되면 신년회를 한다. 끝나면 출구에 400명이 넘는 직원들 승진과 인사이동 벽보가 큼직하게 나붙었다.

각 지점 직원들은 송년회 장기자랑 준비로 특색 있는 연출을 준비한다. 한 달 동안 틈만 나면 킥킥거리며 연습하고 온갖 아이디어로 피곤함을 달랬다. 그들의 장기 자랑은 너무나 재미있고 흥이나 해마다 거듭할수록 축제가 됐다. 1등 지점은 두둑한 상금과 서로 주고받는 축하의 분위기로 흥분됐다. 새해 이른 아침 신년회를 기점으로 자신의 승진과 덕담 축하하는 참 좋은 연중행사가 됐다.

그때 상위권자의 막중한 책임감은 승진 탈락자와 "해봤자 소용없네." 하는 자책하는 직원들을 잘 리드하는 것이 관건이다. 한 조직 속에서 직급과 직책은 중요하다. 소수의 상처받은 사람의 마음을 헤아리는 것은 무엇보다 중요했다. 명확한 동기 부여와 자기계발을 독려하여 아무렇지 않게 더 열심히 하는 직원도 있다. 한편 아무렇지도 않은 것처럼 했지만 내심 자신이 불이익 받은 것 같은 상처는 얼마 지나지 않아 사직서로 대신하는 일도 있었다.

실수를 두려워하지 않는 도전은 청춘이다

이같이 누군가는 훌훌 털어버리는 사람과 달리 실수한 나쁜 감정에 휘말리는 사람도 있다. 자신이 정말 잘못된 것 같아 우울하고 자책하는 감정이다. 무엇보다 자신에게 어떤 문제가 있는 것처럼 느낀다. 누구에게 자신의 마음을 털어놓고 싶어도 혹시 더 잘못될까 봐 이러지도 저러지도 못하는 심정이다. 이처럼 자책하고 우울하다면 주변에서 어떻게 할 수 없다. 오직 본인의 감정이다. 그렇기에 벗어날 수 있는 이도 본인만이 할 수 있다.

실수한 사람은 환경과 위기의 상황에서 그 실수에서 자신의 마음을 지키는 것이 중요하다. 특히 현대인은 실수 후 외로움을 많이 느낀다. 실제로 나이 많은 노인보다 오히려 젊은이가 더 많이 외로움을 느낀다. 젊으니까 도전도 실수도 많다. 직장에서 느낀 실수한 일의 감정이든지, 가정과 단체에서 실수한 감정은 쉽사리 없어지지 않는다. 혼자 있을 때 어김없이 나타나 더욱 외롭다고 느낀다.

김난도 교수의 『아프니까 청춘이다』라는 책에서 '불안하니까 청춘이다', '막막하니까 청춘이다', '흔들리니까 청춘이다', '외로우니까 청춘이다', '두근거리니까 청춘이다', '그러니까 청춘이다'라는 청춘 글을 본다.

가야 할 길이 명확히 보이지 않는 불안한 미래다. 젊은이들이 무작정 앞으로만 달려갈 수도 가만히 있을 수도 없다. 그러니 외롭다. 이 외로움은 지극히 정상의 범위이지 않을까. 그렇지만 그들은 오늘도 실수할까봐 두려워한다.

실수 후 '생각대로 살지 않으면 사는 대로 생각한다'는 말처럼 자신이 누구인지 왜 그런 생각을 갖게 되는지 생각해보아야 한다. 완전한 사람이 있는가? 살면서 잘하려고 노력하는 것과 완전해지려고 하는 것은 차이가 있다. 누구나 잘하려고 노력하던 중 실수하는 일은 생각대로 살지 않아서가 아니다. 일상의 과정중 하나다. 단, 일부러 실수하는 사람은 없다. 그 실수를 받아들이는 인지하는 습관이 문제다.

쉽게 우울해진다면 실수를 인지하는 감정 조절이 잘 안 되는 현상이다. 실수한 순간 '난 왜 이 모양일까?', '참 한심해' 하는 반응은 쉽게 우울해지는 사람이다. 그로 인한 외로움은 자신을 더 깊은 부정적인 무의식적인 내면으로 자리를 잡는다.

마음 회복탄력성이 높은 사람은 '왜 나는 이럴까?' 하는 부정적 감정보다 '어떻게 해야 같은 실수를 반복하지 않을까?'라고 문제를 바라보고 생각한다. 그렇기에 우울함에 사로잡히지 않고 긍정적인 마음을 유지할 수 있다. 부정적인 '왜?'라는 반응은 잘못된 인지 습관을 오히려 바로잡을 수 있는 기회가 된다.

세상에는 일부러 실수하는 사람은 없다. 자신의 실수를 인정하면 상대가 어떻게 생각할까 봐 언제까지 움츠리고 실수의 상처를 끌어안고 살 수 없다. 그는 인생을 사는 대로 생각하는 삶에 휘둘리는 인생이 된다. 무엇보다 실수한 자신을 받아들이는 인지하는 감정이 중요하다. 우울한 것은 그 사건이 아니라 받아들이는 감정이 문제다.

'누구나 실수할 수 있어', '다음에는 더 잘할 수 있을 거야'라고 인지하는 습관을 길러라. 우울했던 이유를 깨닫고 자신이 했던 반응 중 잘못된 점을 생각해보라. 같은 실수를 되풀이하지 않도록 부정적인 '왜'를 '어떻게 하면 좋을까?'로 고치는 감정 조절로 자신을 사랑하는 청춘이 되어라.

내 마음을 지키는
셀프 심리 코칭

삶의 방향과 가치를 아는 것은
좋은 지침서가 된다.

상처받은 감정은 괜찮을 수 없다

나쁜 감정을 내려놓는 연습은 다양하다. 하지만 한 번뿐인 인생을 내 마음을 잘 지키며 살 수 있을까? 일상에서 저마다 아무렇지 않은 척, 다들 사는 삶이다. 어쩌다 뜻하지 않게 자신의 속내가 노출되어 당황하는 경우도 있다.

그로 인하여 상대가 어떻게 생각할까 봐 우려되지만 별것 아닌 것처럼 표정 관리를 한다. 한편 좋은 관계라고 생각했던 자신에게 오는 감정의 펀치는 어떨까? 황당하고 억울한 감정으로 우울하고 속상하다.

어떤 이에게는 아무렇지도 않은 감정이 또 다른 어떤 이에게는 아픈 상처가 된다. 받아들이지 못한 내 마음이 인지한 감정은 때로는 지옥이 된다. '어떻게 나에게 그럴 수 있어?', '나를 뭘로 보는 거야?', '니네가 나보다 나은 게 뭐가 있는데?' 등으로 애꿎은 상대에게 화풀이하는 심리도 있다. 상처받은 감정은 상대와 자신을 비교하며 어떤 것으로 펀치를 날릴까 궁리하기도 한다.

이렇듯 개인에게 다양한 개성과 장단점이 있다. 회사의 조직도 마찬가지다. 스태그플레이션(stagflation)으로 불황이었던 때다. 당시 우리 회사는 전국 지점에게 직원들과 함께 각 지점이 위치한 내외부적 장점·단점을 나열해보라 했다. 같은 자회사임에도 지점마다 서로의 장점으로 나타난 것과 단점은 판이하게 달랐다. 그도 그럴 것이 지역마다 상권과 위치가 다름으로 각기 장단점이 다르다.

두 번째, 도출된 장점을 더 극대화하는 방법과 단점을 어떻게 장점화할 것인지 생각해볼 것을 권유했다. 단, 반드시 지점의 전체 직원이 함께 모여 각자 생각한 것을 제출하고 공유하여 통합하라 했다. 결과의 반응은 참으로 기발한 아이디어로 나타났다. 무엇보다 표현하고 나열하는 동안 각자 다른 생각을 알았다. 그동안 실패했던 이유를 깨달았다. 통합하는 과정에서 향후 각 지점들의 판촉 전략 방향을 세울 수 있는 장단점이 도출됐다.

결과적으로 회사의 의도된 프로젝트가 되었다. 채택되지 못한 소수의 의견은 있었지만, 더 많은 성과가 나타났다. 스스로 자신들의 지점 장단점을 파악했다. 또한 향후 어떤 방향으로 가야 할 것인지 알게 되었다. 그냥저냥 '경기가 나쁘니 할 수 없지' 했다면 '이 불경기에 내가 뭐 어떻게 할 수 있겠어?' 했더라면 가능하지 못할 일이다. 소속된 지점을 깊이 알고난 후 행동은 당연히 달라졌다. 자신들의 지점을 지키는 마음은 그토록 판이한 결과를 낳았다.

당신의 습관화된 마음을 알고 심리를 코칭하는가?

마음을 제대로 알고 매사 의식하며 산다는 것은 쉬운 일이 아니다. 삶에서 시시각각으로 나타나는 일들에 대응하기 위해 매사를 의식할 수는 없다. 우리는 그때마다 습관화된 마음으로 별 생각 없이 대응하려 한다. 저마다 상황은 다르다. 자신을 지키려는 다양한 본능적 방어심리가 있다. 우리는 마음을 잘 지키고 있다고 생각하는지 때로는 생각해본다. 매 상황마다 방어하는 심리가 생각 없이 습관적으로 한다면 어떨까?

예컨대 좋은 마음으로 어떤 일들을 처음에는 별 생각 없이 떠안을 수 있다. 하지만, 일이 갈수록 부담되고 스트레스로 오는 일들을 경험해보 았을 것이다. 특히 업무와 관련된 일이라면 어떨. 그로 인해 정작 집중 해야 할 자신의 일에 지장을 받는다면 어떨까? 집안일도 그렇다. 즐겁게 시작했던 가정 일도 자꾸만 많아져 '일순이'가 된다면 자연히 짜증이 난 다. 그로 인한 우울한 마음이 들지만 함부로 감정을 드러낼 수도 없다.

누구나 조금씩 이와 같은 상황과 우울한 마음은 있다. 다른 이에게 자 기감정을 드러내지 않고 유쾌한 표정과 원활한 인간관계를 하는 것은 대 단한 일이다. 문제는 그 우울한 감정에 너무 많은 감정을 소모하면 자신 의 본 모습에서 멀어진다. 원활한 인간관계를 갖기 위해 자신을 희생하 고 억누르게 되면 많은 에너지를 소모하게 된다.

그들은 매사에 솔직한 마음을 지키지 못한다. 많은 인간관계에서 상황 마다 맞추는 위선된 가면 같은 감정이다. 자아의 생각을 표현하지 못하 고 '당연히 그래야 된다'는 마음은 무대 위에서 연기하는 것과 같은 마음 이다. 가면으로 자신의 마음을 억압하는 것과 같다.

직장에서 상대의 심리를 파악하고 응대하는 것은 세일즈의 실력이다. 단체연회 행사는 많은 인원이 한자리에 모여 목적하는 행사를 한다. 그에 따른 서비스와 다양한 음식을 제공하려면 많이 긴장되는 일이다.

그날도 유능한 베스트 예약 담당 K는 사무실을 들어서며 발갛게 상기된 얼굴로 들어오고 있었다. 심지어 초겨울인데도 연신 종이로 부채질한다.

인원이 매우 많은 행사든 적은 행사든 고객을 만족시키고 상담한 예약을 성사하는 것은 쉽지 않은 일이다. K는 "방금 그 손님이 너무 깐깐하고 속마음을 알 수 없어 힘들었어요." 한다. 긴장한 티를 보이지 않고 규칙을 흐트리지 않는 범위에서 상대를 만족시키는 일은 고도의 노련함이 있어야 한다. 성사가 잘되면 그나마 긴장했던 마음도 다소 위로를 받지만 매번 성공하기란 어렵다.

회사는 비중 있는 상담 성공률을 올리기 위해 당연히 K에게 더 많은 상담을 하게 할 수밖에 없었다. K는 기혼녀였으므로 많은 회사 업무와 가정 일까지 하려면 스트레스를 받을 수 있었다. 지금 생각하면 그녀가 어떤 땐 냉정해 보이기도 했다. 하지만, 적절한 자신의 마음을 지키며 해야 할 업무 한계를 확실히 하는 것이 좋았다.

코칭 심리를 넘어 영향력 있는 삶으로 바꿀 수 있다

자신 마음을 코칭하는 일은 쉽지 않다. 내면에서 올라오는 진정한 나의 마음을 지키는 것 또한 쉬운 것만은 아니다. 요즘처럼 급속히 변하는 시대에는 더욱 어렵다. 직장에서 자신의 감정을 절제하는 것은 당연하다. 직장의 감정대로 가족에게 할 수 없듯이, 친구나 가족과 함께 있을 때 감정과는 다르다.

사람은 조직과 가정, 친구 관계의 어떠한 상황에도 소외되지 않으려는 마음의 특성이 있다. 때로는 상대를 너무 의식한 나머지 무의식적인 반응을 한다. 그들이 화를 내면 따라 화를 낸다. 주변의 누군가 좋은 물건이라고 사면 깊이 생각도 않고 '나도 한번 사볼까' 하며 따라 산다. 이런 사람을 어른들은 "남 따라 장에 간다."라고 말했다. 생각 없이 사는 마음을 꼬집는 말이다. 자신의 경제적 상황을 무시하고 따른 후 자책하지만 습관화된 마음은 우울하다.

인생을 살아가면서 각자 위치에서 여러 인간관계를 맺으며 영향력을 주고받는 사회생활은 피할 수 없다. 상대의 감정에 이끌리기도 하고 이끄는 영향력을 발휘도 한다. 무엇보다 자기감정을 상대에게 휘둘리지 않고 원하는 삶을 살아가는 훈련이 필요하다. 시합에서 좋은 결과를 내기 위해 선수를 선발하고 승리를 이끌어내기 위한 훈련은 필요한 것과 같다. 무엇보다, 본인의 마음을 알고 지키는 것이 무엇보다 중요하다.

그러기 위해서 어떤 상황에서 느끼는 마음을 그대로 받아들이는 것은 위험한 감정이다. 상대가 원하는 마음에 상처주지 않고 자신을 통제하고 감정을 발휘할 수 있는 셀프 심리 코칭 훈련이 되어 있어야 한다. '지피지기'라는 말처럼 상대를 알고 나를 지킬 수 있는 생각이 주는 감정이 먼저다.

앞서 언급했던 사례들에서처럼 많은 경쟁 업체들과의 경쟁에서 우리 회사는 살아남아야 했다. 각 지점의 장단점을 파악하고 보완함으로써 어떻게 대응할 것인지 방향이 중요했던 것처럼 개인도 마찬가지다. 우리 회사는 그 점을 철저히 파악했었다. 먼저 자신이 속한 지점의 장단점을 파악한 후 상대 경쟁 업체의 장단점을 알아내어 우리의 강점으로 내세우고 보완했다. '지피지기'라고 할까?

그에 따른 예약상담 결과도 당연히 우리가 원하는 방향으로 이끌었다. 서로의 만족을 이끌어내는 성과는 무엇보다 우리가 지닌 강점과 약점을 알고 대응했기 때문이다. 상대 경쟁 업체의 어떤 마케팅 방향에도 흔들리지 않는 우리만의 길을 택했다.

만약 그러한 방향 설정을 제대로 하지 못했다면 회사는 고도의 성장이 있을 수 없는 일이라는 것을 잘 안다. 개인의 마음도 자신을 지키려는 의지가 없다면 어떤 동기 부여에도 후퇴하고 상대의 감정에 휘둘리고 만다.

내 마음을 내가 결정하려면 내 마음을 지키는 셀프 심리 코칭을 해야 한다. 자신의 삶을 책임지고 사랑하며 더 나은 선택을 만들어가는 감정이다. 내 안에 잠재한 창조적인 에너지를 발휘하기 위해 무엇보다 '자신이 누구인지?' 명료하게 알아야 한다.

한편 살아가는 의미와 삶의 방향을 보라. 자아 가치가 주는 자존감과 나의 강점에 답해보라. 표현해보라. 일상의 일들이 주는 생각을 무의식으로 대하고 있지 않은가? 나는 어떤 감정의 패턴으로 상대의 감정에 대응하며 행동하는지 파악해보라. 내 마음에 지닌 심리를 통해 생각하는 마음이 주는 감정을 파악하자. 인식하여 행동을 다스려보라! 나의 감정을 알고 마음을 코칭하라. 삶의 방향과 가치를 아는 것은 좋은 지침서가 된다.

행복을 부르는
감정의 비밀

행복은 나만이 느낄 수 있는
소유하고픈 감정이다.

행복은 꿈이 아닌 현실이다

다이아몬드를 가지지 못해서 슬퍼하는가? 사람들은 그를 가지지 못해서 불행하다고 생각하지 않는다. 행복을 돈으로 살 수 없다. 내가 행복하지 못한 것이 불행일까? 행복하지 못하고 불행하다는 대다수는 '행복은 아무나 가질 수 없는 어려운 것'이라 하지 않을까? 저마다 주어진 삶에 만족하지 못하면 행복은 꿈꾸는 것에 불과한 것이라고 생각한다. 그렇다고 현실의 삶이 불행이라 생각하지 않는다.

누구나 행복하고 싶은 소망은 있다. 드라마에서 뉴스에서 전해오는 행복한 순간들을 접할 때 자신을 대입시켜보고 현실을 본다. 그렇다고 불행해하지 않는다. 일상은 기쁜 일보다 좋지 않은 일들이 많지만 누구나 슬퍼하거나 분노하지 않는다. 어쩌면 행복은 나와 무관한 꿈이고 해당사항이 없는 일이라 생각하는 것이 아닐까?

어렵고 힘든 환경을 탓하지 않고 목적한 성공을 성취하는 일은 기쁘고 행복하다. 인간 승리 같은 성공이다. 가끔 잘사는 돈 많은 사람들이 행복해 보이기도 한다. 하지만 조금만 들여다보면 꼭 그렇지만은 않다는 것을 알 수 있다. 결국 행복한 감정을 갖는 것은 우리가 알지 못하는 어떤 비밀이 있지 않을까?

어느 날 지인에게서 메시지가 왔다. '이런 사람이 행복합니다'라는 주제다.

"누가 나를 섭섭하게 해도 그동안 나에게 그가 베풀었던 고마움을 생각하는 사람은 행복한 사람이다. 나의 행동이 다른 이에게 누를 끼치지 않은가를 미리 생각하며 행동하는 사람은 행복한 사람이다. 남이 잘사는 것을 배 아파하지 않고 사촌이 땅을 사도 축하할 줄 아는 사람은 행복한 사람이다. 자신의 직위가 낮아도 인격까지 낮은 것은 아니므로 기죽지 않고 당당하게 처신하는 사람은 행복한 사람이다."

"비가 오면 만물이 자라서 좋고 날이 개면 쾌청해서 좋다고 생각하는 사람은 행복한 사람이다. 하루 세끼 먹을 수 있는 양식이 있다는 것을 감사하게 생각하고, 비가 새도 바람을 막을 집에 살고 있다는 것을 감사하게 느끼는 사람은 행복한 사람이다. 받을 것은 잊어버리고 줄 것을 아는 사람은 행복한 사람이다. 행복은 돈으로 살 수 없는 것이다."

나는 이 글을 읽으며 내용 중 나에게 해당될 수 있는 '행복한 사람'이 몇 개인지 생각해본다.

행복한 사람이 갖추어야 될 조건이 이렇다면 이 세상에 행복할 수 있는 사람이 얼마나 될까? 살면서 충분한 만족과 기쁨을 느끼며 흐뭇한 상태가 행복이다. 충분한 만족과 기쁨의 흐뭇한 삶은 얼마나 노력해야 할까? 앞서 나타낸 글 내용 같은 행복의 감정을 1년에 몇 번이나 느끼고 있는지 모른다.

대부분 모든 이는 행복이라는 단어는 생각하지 않고 산다. 삶의 터전에서 굶지 않고 살려고 몸부림치던 부모님 세대가 있었다. 이제 한국은 인구 절벽이라는 상황을 불러일으키는 현실이다. 불과 몇 십 년 전 "둘만 낳아 잘 기르자"라는 벽보는 시골동네까지 잘 보이는 곳을 어디나 장식하였다. 그 둘들이 자신의 짐을 지기에도 버거운 젊은이들의 오늘날 현실이다. 향후 30년 후에는 한국의 인구가 현재의 절반으로 줄어든다는 통계에도 무덤덤하다.

행복은 자신과 거리가 멀고 자살률이 OECD 국가 중 1위라는 국내 현실의 암울한 상황이다. 예전에도 심각했지만, 청년들이 성취하고 싶은 행복은 더욱 멀어지는 데서 오는 감정이 있다. 국가와 개인, 가정, 가족들 이러한 상황을 넋 놓고 바라만 본다면 암울한 불행한 감정이 아닐 수 없다. 인류는 농경사회에서 아날로그 시대와 디지털 시대를 지나 인간이 살아가는 편리성은 더 나아지고 좋아졌다. 그렇다면 당연히 행복을 더욱 누려야겠지만, 그렇지 못하다.

행복하기 위한 삶의 감정을 배려하라

무엇보다 더 나은 삶을 구가하며 개인과 조직은 행복하기를 누구나 희망한다. 작은 팀워크는 큰 팀워크보다 조금만 흔들려도 치명적인 결과를 만든다. 그들은 상대적으로 예민하다. 회사의 큰 지점의 인원보다 작은 조직 인원은 눈빛만 보아도 서로의 마음을 알 수 있을 정도다. 그들은 단골손님의 특성과 말 한마디에도 즉각적인 반응으로 최선을 다하지 않으면 안 된다는 것을 알고 있다.

비록 적은 인원이지만 서로 눈치 보지 않고 상대를 배려하는 M 지점장이 있었다. 여성이어서 모성적인 본능이라고 할지 모르지만 낯설게 찾아오는 손님도 늘 웃으며 맞이한다. 아래 직원의 실수도 다독이며 웃음이 넘치게 하는 유머도 있다. 그 지점을 가면 항상 마음이 편안하고 행복한 감정을 느낀다. M 점장은 자신들의 위치에서 불행한 감정이 발생하면 별다른 대안이 없다. 그렇지만 여유 있는 행동과 절제된 마음의 표현으로 신뢰를 쌓았다. 주변 타 지점의 부러움을 사는 지점이 되었다. 높은 스펙도 아니고 평범한 그녀의 특징은 무엇보다 먼저 상대를 배려하는 장점이 있었다. 조직에서 고객의 사랑과 신뢰를 쌓는 일도 중요하지만, 직원 서로간의 신뢰와 배려가 좋은 팀워크를 만들었다. 그들은 늘 웃었고 표정이 밝은 비밀이 있었다.

'일당백'이라는 팀워크 단어는 아마 이러한 표현을 두고 말하는 것이 아닐까 생각한다. 조직이나 가정 개인의 행복한 감정은 어느 누군가가 만들어주는 것이 아님을 알 수 있다. 지식이 모자란다면 넓혀가면 되지만, 행복을 부르는 것은 지식과 별개라는 개념이다.

행복은 찾는 것이 아닌 행복을 부른다는 것은 '을'이 아닌 '갑'의 위치를 말한다. 어릴 적 『엄마 찾아 삼만 리』라는 동화가 있다. 어린 소년이 엄마가 그 먼 곳에 있다는 얘기를 듣고 찾아가는 험난한 여정이 인기를 끌었다. 엄마를 찾으면 어떤 어려움도 없이 행복할 것이라는 꿈을 꾸었다. 행복은 찾아가는 것으로 인식하고 있다.

오늘날 현대인에게도 행복은 정작 도착했을 때 결과보다, 약간 막연한 과정의 감정을 보며 그러한 지향점을 인식한 것이 아닐까 생각한다. 남들이 하니까 나도 '뒤떨어질까' 봐 하고 '세상에서 고립될까' 하여 새로운 것을 추구한다. 그것은 행복이라고 말할 수 없다. 그들은 내면이 말하는 진정한 기쁨이 주는 행복의 '갑'의 위치에 있다는 것을 알지 못한다. 그럴 만한 여유도 없이 빛의 속도만큼 빠른 정보를 안간힘을 쓰고 따라가려 한다.

빠른 것은 빠른 대로 두라고 말한다. 자신의 삶을 사는 의미가 중요하다. 인생을 사는 것은 신의 영역에서는 한순간에 불과하다고 초인들은 말한다. 기쁨과 행복은 다르다. 기쁨의 감정은 함께 나눌 수 있지만 행복의 감정은 다르다. 모든 사람이 함께 기쁨을 느낄 수 있다면, 행복한 감정은 한 사람이 느끼는 감정이다.

영업 판촉 업무를 어느 날 찔끔 하고 어느 날 안 하면 당연히 행복한 결과가 나오지 않는다. 차라리 '그러려면 하지 말라!' 한다. 왜? 하지 않으면 여지가 있기 때문이다. 자신이 만족하지 못하는 과정은 당연히 기쁜 결과는 없을 것이며 행복하지 않다. 길을 가다가 언제든지 식사할 수 있는 곳이 아니어서 늘 해당 지역에 단체나 조직에 판촉을 해야 하는 우리 회사였다.

책임자는 배우는 지점장이 있다면 펼치는 지점장이 있었다. 조직 전체가 일관성 있는 방향으로 가기 위해선 다부지게 나아가야 한다. 핵심 중의 핵심은 절대로 흔들리면 안 된다. 경영자가 되면 기쁜 감정을 부하들과 함께 느끼고, 성공하는 행복한 감정을 부르고 만드는 것이다. 즉 먼저 행복을 추구하여 만족한 기쁨을 펼치는 과정의 연속이다. 만약 그렇지 못하고 배우려고만 한다면 결과는 나쁜 불행을 초래한다. 그는 매일 배우려고만 하기 때문이다. 판촉의 결과로 행사를 시작하면 주문 후 생산과 소비가 동시에 일어나는 외식업은 적절한 균형과 빠른 실행이 따르는 업종이다. 판촉 시작을 어느 날 찔끔 하고 어느 날 안 한다면 궁극적인 목표의 기쁨을 나누지 못하고 행복을 부르는 힘이 되지 못한다. 저하되는 매출로 균형은 깨지는 것이다.

성취하는 기쁨의 행복한 감정은 어떨까? 주변과 함께 나누고 싶은 감정 성격을 띠고 있다. 그러나 기쁨으로 인한 행복은 나만이 느낄 수 있는 소유하고픈 감정이다. 오로지 행복하다고 느끼는 당사자의 감정이다.

행복을 부르는 감정의 비밀은 행복을 추구하려는 심리다. 자신의 본성 그대로를 인정하는 데서 출발한다. 있는 그대로를 받아들이고 이해하며 수용할 때, 그 감정이 주는 생각을 조절한 행복이 이루어진다. 기분이 어떤지 자신에게 물어보라. 자아존중감(self-esteem)의 사랑, 가치, 소중한 존재 의식과 정체성은 행복을 부르는 자존감의 힘이다. 좋은 인간관계와 자신의 감정에 솔직해지라고 말한다. '어떻게 이 바이러스 상황에서 살아남아야 하는지'가 아닌 '어떻게 살까?'라는 각오로 자신에게 다른 삶을 열정적으로 살려고 해보라. 아주 작은 일에도 행복함을 느낀다. 자신에게 맞는 여유로운 속도로 더 나은 삶의 변화를 누려보라. 그로 인한 기쁨은 행복한 감정을 부르는 비밀이 된다.

04

나쁜 감정 치유와
용서 비법을 배워라

나 자신을 먼저
용서하고 사랑해야 한다.

나쁜 감정이 주는 상처를 그냥 둘 수 없다

내게 느껴지는 좋고 나쁜 감정은 분위기와 상대에 따라 다르게 느껴진다. 평소 좋은 관계성이라면 웬만한 일도 긍정적으로 반응한다. 특성상 거짓으로 나쁜 기억이 있다면 가던 걸음 멈추듯 다시 생각한다. 그 순간 인식되어 있는 나쁜 기억이 감정을 좌우한다. 단순히 그 상대에게 품고 있던 상처 입은 악감정이 아닐까? 뜻하지 않게 받은 큰 상처의 감정이 있는 반면, 눈앞에 펼쳐진 아름다움에 대한 감정과 후각을 자극하는 불쾌한 감정도 있다. 무엇보다 사람에게 받은 상처는 부정적인 내면의 기억에 의해 자신도 모르게 나쁜 감정이 되어 자리 잡고 있다. 나쁜 감정 발생은 가족이나 사회적인 동료, 친구, 친인척 등 가까운 이에서 가장 많이 발생한다. 한번 인식한 부정적인 나쁜 감정은 동일한 문제에서 여지없이 나빴던 감정이 드러나는 것을 볼 수 있다.

내면의 슬펐던 감정, 수치심, 무력감, 분노, 당혹감 등이다. 부정적이었던 감정이 조절되지 못한 억울함으로 폭발하는 일이다. 한번 이어진 언짢았던 감정을 털어내지 못하고 반복하는 실수가 좋을 리 없다. 그로 인한 상처는 쉽사리 사라지지 않음을 본다. 나쁜 감정으로 인한 상처를 한번 잘못 받으면 다른 문제의 비슷한 상황이 오면 다시 돌출된다. 그 아픔이 여지없이 나타나 괴롭힌다. 이토록 상처로 인한 나쁜 감정을 그냥 둔다면 좋을 리 없다.

"대표님, L본부장님은 너무 국수주의자 같아요."라고 입사한 지 얼마 되지 않는 중간 책임자 K는 말한다. 자신도 경력이 있고 알고 있는 것이 많은데 의견을 말하면 배척하며 받아들이지 않는다는 것이다. 물론 L 본부장은 노련하고 우리 회사만의 독특한 문화를 누구보다 잘 알고 겪어온 사람이다. 서로의 입장을 알고 있는 터라 함부로 한쪽 입장을 거들 수 없다. 대표인 나에게 이런 말을 하기까지 나쁜 감정을 한두 번 느낀 게 아니었을 것이다. 이제는 자신의 자존감마저 무너지는 수치로 황당했던 당혹감에 분노마저 들어 있었다. 여러 부하 직원을 두고 있으면 개개인의 입장을 헤아리기란 참 어려운 일이다. 심리 전문가도 아니니 나아갈 업무 방향과 리더의 위치에 서면 사람마다 특성을 맞추기란 쉽지 않다. K 직원은 회사는 좋은데 늘 '네까짓 게 뭘 알아?'라는 식의 L본부장의 어투는 자존심을 깔아뭉개는 것 같은 느낌이란다.

일단, 아랫사람이니 아무 말 하지 말고 이해하려고 노력하며 '예스'로 묵묵히 시키는 대로 해보라고 한다. 그러다 보면 반전의 기회는 올 것이라고 했다. 어느 날 기쁜 목소리의 K 전화에 자신이 L본부장을 잘못 알고 있었다고 한다. "그때 참고 견디며 이해했던 일은 참 잘 한 것 같아요."라고 말한다. L본부장은 이미 그 K의 재능을 알았으나 자칫 잘못될 가능성이 보여 사자 새끼 기르는 기법으로 대했다는 것을 나중에 알게 되었다.

상처를 회복하기 위한 방법을 찾아라!

뜻하지 않았던 상황을 겪으며 잘못된 인식은 상대를 오해하여 나쁜 감정으로 기억할 수 있다. 모든 일을 긍정적으로 마냥 생각할 수 없는 현실 앞에서 늘 우리는 마음이 주는 갈등을 겪는다. 그때마다 내 마음을 알아주지 않는다고 화낼 수도 없다. 때로는 실망하고 좌절하여 취약한 감정의 노예가 되기도 한다. 우울한 나쁜 마음이 주는 분노는 점점 커질 수 있다. '왜 나는 이렇게 나쁜 기분이 풀리지 않을까?' 생각하며 슬픔에 젖을 수도 있다.

살면서 그러한 아픈 상대의 마음을 다 헤아리지 못하는 우리의 삶이다. 제각기 살아가기에 바쁘고 힘든 현실이 때로는 실의에 젖어 무력하게 만든다. 그로 인한 나쁜 느낌이 주는 분위기와 생각으로 인하여 감정이 존재하게 된다. 예컨대 나쁜 감정을 느끼지 않으려면 상대가 주는 감정을 거부해야 한다. 그러려면 거부할 나쁜 감정에 대응할 수 있는 솔직한 감정을 느낄 수 있어야 한다.

순간적으로 느낀 감정을 겪어왔던 경험을 들여다보라. 인식한 감정을 위한 대처하는 능력을 기르는 것은 존재감의 능력이다. 조심해야 할 것은 각자에게 느껴지는 감정은 자신의 정서에 많이 좌우된다는 점이다. 즉 기분 좋을 때에는 상대에게 호감을 갖지만 불쾌하면 호의적인 반응을 하기 어렵다. 긍정적인 호감은 어떤 문제가 없다. 반면 불쾌한 감정은 부정적인 인식으로 인간의 뇌를 자극한다. 콤플렉스처럼 인식하여 때로는 불안한 마음으로 분노하게 한다.

어떤 '공포의 외인 구단'이 있었다. 어릴 적 인기를 끌었던 만화가 나중에 영화로 나왔던 제목이다. 오합지졸인 이 사람 저 사람이 모여 뭉친 야구단이다. 하지만 자기가 맡은 포지션은 타 구단에게 절대 지지 않던 인기 만화다. 우리 회사를 외부 어떤 이는 '공포의 외인 구단'이라고 불렀다. 유명한 스카이 대학을 나오지 않았고 전문대학에서 졸업하기 전 실습 때부터 이곳저곳에서 모인 사람들이 많았기 때문이다.

그 당시 우리는 '관은 민에 약하고, 학은 산에 약하다'고 부르짖으며 전국 지점이 있는 각 대학과 '산학협력' 관계를 맺었다. 회사 대표로서 협력 관계의 대학교 강당에 전 학년을 대상으로 특강을 다녔다. 외식산업 비전과 우리 회사를 소개했다. 각 학교 교수님 추천으로 신입직원을 학기 중 실습 파견으로 받아 들였다.

어린 실습생이 제대로 된 직원과 사회인으로 우뚝 서는 모습을 보면 한 명씩마다 가슴 설레었다. 쉽지 않은 일이었다. 윗사람들은 때로는 형제, 친구, 누이처럼 했다. 익숙하지 못한 서투른 그들을 리더하며 힘들어하는 뒷받침을 한다. 교육하고 다독이며 그들의 힘든 감정을 동기 부여로 이끌었다. 외부에서 '공포의 외인구단'이라는 칭호를 받는 한 사람씩 세게 한 일이다. 무엇보다 그들의 내면에 상처주지 않으려 했지만, 어쩔 수 없는 일도 있었다.

치유의 용서는 감사의 강력한 에너지를 낳는다

일상생활에서 본의 아니게 상처 줄 수도 있다. 안타까운 일이다. 또한 상처받아 슬프고 수치심과 무력감으로 당황하며 당혹하여 실망하고 좌절할 때도 있다. 그때마다 주저앉는다면 어떨까? 주어지는 나쁜 감정은 자신의 인생에 아무런 도움이 되지 않는다. 그로 인한 무력감으로 머리로는 알면서 정작 회복하려는 의지가 없다면 어떻게 될까?

'미운 정 고운 정 다 들었다'는 말이 있다. 떼려야 뗄 수 없고 잊을래야 잊을 수 없는 관계에서 오는 감정 뉘앙스 언어다. 살면서 겪는 나쁜 감정들을 그때마다 흑백으로 분명히 나눌 수 없는 상황들은 많다. 싫다고 타인, 형제자매, 친한 지인, 친구 등을 나 몰라라 등 돌릴 수 없다. 그것은 그에 대한 나쁜 감정은 잊어야 할 때라는 말이다. 깊은 고뇌 속에서 아픈 나쁜 감정을 회복하려 들지 않았다면, 결코 '미운 정 고운 정'이라는 단어를 표현하지 못한다.

사회 속에서 진정한 성공의 의미는 무엇일까? 물론 나 자신의 안위만 생각한다면 그 성공은 혼자만의 욕망이다. '기쁨은 나누면 배가 되고, 고통은 나누면 절반이 된다'는 말이 있다. 고통의 결과를 남 탓만 한다면 그 분노가 해소될까? 오히려 그 대상을 더욱더 나쁘게 생각하고 악감정만 품게 된다. 설령 누구에게 하소연하지만 마음속 분노의 나쁜 감정은 해소되지 못한다. 그렇다고 누구나 가질 수 있는 이 감정을 모두 다 품고 살아가지 않는다. 자신을 돌아보고 진정 원하는 마음이 무엇인지 알아내고, 나쁜 감정을 치유하고 자신을 돌보고 회복하려 한다.

무엇보다 나 자신을 위한 치유와 용서가 필요하다. 그러기 위해서 자신의 감정을 효과적으로 관리해야 된다. 나쁜 감정이 주는 느낌을 조절할 수 있는 사람은 자신뿐이라는 것을 인식해야 한다. 그러나 실수는 한다.

아무리 교육시키고 매뉴얼을 숙지해도 일어나는 일은 있다. 많은 단체 행사의 음식은 특히 위생이 중요하다. 한편 생각하면 어이없고 분통 터지는 일이 일어났다. 수도권 B 지점에 군, 경, 시, 위생 검열이 합동으로 나와 검열 중 단 3일 넘긴 냉동만두 한 봉지에 범칙금 1,500만 원이 나왔다. 나는 불같이 화를 냈다. 기관에 가서 한 번만 봐달라는 말은 더욱 하고 싶지 않았다. 그렇게 한다 해도 해결될 리 만무했다.

처음에는 으름장을 놨다. 그 지점의 모든 직원이 N분의 1로 50% 감당하고 회사도 50% 감당하자 했다. 급여에서 공제하겠노라고. 직원들 모두 그렇게 하겠다고 지점장은 그날 밤 각자의 사인을 서면으로 받아 본

사로 들어왔다. 더욱더 조심하겠노라며 자신들도 자숙한다고 했다. 당장 눈앞에 급여가 줄어들어도 잘못한 일에 대한 회복을 하려는 의지에 모든 것을 용서했다. 그 일로 인하여 전국의 모든 지점에 산 교육이 되었다.

　나쁜 감정을 치유하고 용서하는 비법은 나 자신을 먼저 용서하고 사랑해야 한다. 지난 일의 부정적인 나쁜 감정을 회복하기 위한 시작을 해 보라. 나쁜 감정의 끝에서 치유를 시작하라. 진정한 자아가 느끼는 정말 원하는 좋은 감정을 의식적으로 끌어오라. 그러는 과정에 원하지 않는 나쁜 감정은 신경 쓰지 말고 현실과 맞서려 하지 말라. 현재 본인의 나쁜 감정과 상황에 신경 쓸 필요는 없다. 사소한 일에 내 인생 전체를 망칠 수 없다. 나쁜 감정으로부터 치유하는 좋은 느낌을 선택하여 깊이 들어가라. 감사하는 강력한 에너지를 통하여 그 느낌을 잘 간직하여 유지하도록 하라. 어떤 것에든 긍정적인 면을 찾아라. 사랑이 주는 기쁨을 내 안에 언제나 존재하여 좋은 느낌을 간직하는 것이 비법이다.

05

내 마음이 주는
신호를 이해하라

마음을 평정하기 위한
심리학적 방어 메커니즘이다.

내 마음이 주는 신호가 있다

어쩐지 께름칙하다. 요즘은 외출하고 온 뒤 목이 껄껄하면 재빨리 소
금물로 가글하고 뜨거운 생강차를 마신다. 이렇게 하면 그래도 다소 마
음이 놓인다. 나는 일상에서도 이러한 느낌을 받는다. 유난히 나는 어릴
적부터 느낌이라고 할까 예감이 적중하는 일을 많이 겪었다. 그날도 윗
분과의 전화통화에서 나무라는 목소리가 들려왔다. 아무리 생각하고 부
정해도 이해 안 되는 윗분이 추천한 간부급 인사의 입사면접을 보고 느

낌을 전한 참이었다.

"최 대표님은 왜 사람을 겪어보지도 않고 그런 말을 하세요?"

이렇게 대뜸 나무라는 전화기 너머로 나 또한 이유에 대해 설명하려고 애썼다. 한 조직의 수장이 지닌 잘못된 인지 습관으로 인해 전체가 잘못되어 순식간에 무너지는 일은 허다하다. 정규 직원 300명이 넘을 때까지 직접 면접을 보았던 나는 급기야 나중에는 중견 간부직만 채용 면접 보던 때이다. 물론 겪어보지 않고 함부로 판단하거나 단언하는 것이 위험한 생각이라는 것은 안다.

하지만, 아무리 생각해도 옳지 않다면 어떻게 해야 할까? 모두 고민해 볼 수 있는 생각이다. 물론 느꼈던 예상과 판이하게 다를 때도 있다. 하지만 아무리 생각해도 아닌 것이 있고, 순간의 감정도 소름 돋게 정확하게 맞는 경우도 있다. 그렇지만 인간관계에서 나쁜 인상을 남기고 싶지 않아 '좋은 것이 좋다'란 생각으로 받아들이려 한다. 내 마음에 부정적으로 느꼈던 마음의 신호를 무시했던 나에게 치명적인 결과를 준다면 어떡할까?

누구나 겪는 감정이 나에게 마음의 나쁜 감정은 상처로 남아 있다. 비숫한 문제의 일을 생각할 때마다 나타나는 씁쓸한 감정이 된다. 아무 상관없는 스쳐가는 일이라면 괜찮다. 그럼에도 늘 만나야 하고 부딪쳐야 하는 상황이라면 심각한 감정이 아닐까?

길지 않은 인생을 살면서 저마다 상대에게서 느끼는 흔히 말하는 '촉'이 있다. 지나치게 그 느낌으로 몰아가 자신이 진정 보아야 할 중요한 점을 놓치는 일은 어리석은 일이다. 또한 그것을 상대에게 우월감으로 작용하는 것은 더욱 잘못되어갈 가능성이 있다.

무슨 일이든 논리적이지 못하고 자신의 생각이 주는 느낌으로 세상을 바라보고 상대를 대한다면 어떻게 될까? 상대 또한 나를 그렇게 본다면 어떤 느낌이 들까 생각해보라. 반대로 상대의 감정과 분위기에 휩쓸려 내 마음이 주는 신호를 억누르고 통제한다면 자아는 더욱 부정적인 억눌림으로 잠재되어간다. 흡사 어릴 적 상황은 기억 못 해도 감정은 성장 후에도 남아 자신도 모르게 잠재한 것과 같다.

마음의 신호는 겪어보아야 아는 것이 아니다

주부도 그렇지만 조리 업무를 맡고 있는 사람은 더욱 남다른 느낌을 소유한 사람이다. 많은 대량의 음식을 조리하면서 겪는 일이다. 똑같은 재료로 조리한 음식도 저마다 모양은 비슷하나 맛이 조금씩 다른 것을 안다. 소량을 조리할 때는 비슷비슷할 수 있다. 그러나 수백 명이 한꺼번에 섭취해야 하는 경우에는 다르다.

완성한 음식은 소량으로 만들었을 때나 대량으로 만들어도 같아야 한다. 그러려면 처음부터 조리하는 접근 방식이 다르다. 나는 늘 일선에서 말했다. "조리사란 어떤 상황 어떤 조건이라도 본질을 잃지 말고 최선을 다해야 한다"고 했다. 그것은 곧 자신의 감정을 잃지 않고 재료의 느낌이 주는 신호대로 하라는 뜻이다. 그들은 각 재료가 지닌 고유한 특성을 알고 원하는 맛과 모양을 지켜내야 한다. 즉 논리적인 의지와 직관으로 조리해야 한다. 그러려면 맛이 주는 정확한 구사와 행동이 필요하다.

감정도 이와 같이 자신에게 오는 마음의 텔레파시를 무시할 수 없다. 그 신호를 무작정 따라 하면 난감할 수도 있다. 특히 대인 관계에서 오는 특징적인 느낌은 중요하다.

느낌의 신호로 뜻하지 않은 화, 짜증, 분노가 들 때 어떡할 것인가? 무작정 그대로 터트린다면 어떻게 될까. 남녀의 관계에서 어렵게 사랑을 고백하려는 마음을 느껴지는 대로 함부로 대한다면? 그 감정을 무시하여 마음의 상처를 준다면 그 관계는 엉망이 된다.

상대의 감정을 읽어내어 '그럴 것 같다'는 느낌으로 위기를 탈출하는 사람은 슬기로운 사람이다. 그 슬기로운 이는 진정한 자신이 원하는 감정으로 했다면 행운이다. 만약 그 위기를 탈출하려고 일시적인 위선이었다면 차후에도 그럴 수 있다. 반복되면 진정한 내면의 생각은 차츰 더 많은 부정의 감정이 내재된다.

서로의 감정은 상호작용으로 생성된다. 상대가 사랑으로 대하면 좋은 감정을 느끼는 것은 당연하다. 일상에서 느끼는 마음, 사람 관계, 사랑도 무작정 자신이 주는 감정대로 가려다 보면 탈이 나기 마련이다. 나를 대하는 그들도 힘들게 된다. 무엇보다 자신의 마음이 주는 신호를 아는 것이 중요하다.

바쁜 일상에 피로가 쌓여 에너지와 감정을 소비한다. 마음도 멈춰진 느낌을 가진다. 그 속에 크고 작은 특별한 일은 일어난다.

누구나 마음의 신호를 느낀다. 그러나 유독 아무렇지 않게 넘어가던 일이 별일인 것처럼 느끼는 것은 자신의 마음을 돌아보아야 하는 신호다. 내면이 마음의 소리를 들어 달라는 마음의 신호다.

한 조직의 수장도 중요한 한 사람이다. 그러나 느낌이 주는 상황의 문제를 섬세하게 파악하고 논리적인 입장이 되어도 표현하는 방법 또한 중요하다.

긍정도 하지만, 거절하는 것도 중요한 스킬이 필요한 것을 인식해야 한다. 나는 중요한 간부급 인사 면접에서 모든 스펙은 나무랄 데 없었지만 뭔지 모를 께름칙한 찜찜함을 한동안 고민했다. 내 마음이 주는 신호에 감정 이입을 부정하고 받아들인 결과는 이미 어쩔 수 없었다.

시간의 흐름 속에서 나타나는 일들로 그 당시 강하게 안 된다고 말 못한 자신을 나무랐다. '위기에 명장이 난다'는 말도 있지만, 회사가 연이은 두 번의 세무조사 결과 최고 책임자가 법정 구속됐다. 윗분의 상황에 누구보다 먼저 나서서 일선을 챙겨야 하나 문제의 그는 제일 먼저 부정의 씨앗이 되어 더욱 혼란하게 하는 결과를 낳았다.

나는 그때야 '섭섭한 감정은 잠깐이다'는 말을 실감했다. 사회에 나온지 얼마 안 된 어린 부하들에게 함부로 부정적인 말을 내쏟는 그 간부의 언행이 엎친 데 덮치는 결과를 낳았다. 한 번의 중요한 결정에 앞서 99%의 데이터보다 직감적인 느낌이 주는 중요한 내 마음의 신호를 무시해선 안 된다는 체험이었다.

느낌이 주는 신호를 이해하라

이토록 인간이 지닌 예리함의 직감도 있지만 아무런 느낌도 없이 사는 대로 생각하는 이도 있다. 나중에 시간이 흐르고 돌이킬 수 없는 상황이 되면 그때서야 깨닫기도 하지만 소용없다.

낭만적인 표현으로 마음이 흐르는 대로 아무렇게나 살아간다면 어떨까? 많은 감정의 소용돌이에 휘말린다면? 자신의 자존감에 상처받는 것은 당연한 결과가 된다. 인간은 동물과 다른 생각을 할 수 있다.

그 생각은 느낌으로부터 시작한다. 즉 영적인 존재다. 성경에는 인간은 하나님의 형상대로 창조된 영적인 존재라고 한다. 인간의 영이 건강하여 밝게 빛날 때 하나님을 만나 보호받고 인도함을 받는다.

자신에게 주어진 마음의 신호를 느끼는 것은 일부러 만든 것이 아닌 영적인 느낌이다. 사회적인 교육을 통한 지성적이고 윤리적인 판단도 있지만 별개의 느낌이다. 지나치게 의존하여 매사에 대입한다면 다소 문제가 된다. 내 마음이 주는 신호의 이유를 알아야 한다.

'해봐야 별 수 없다'는 실패했던 경험의 우울하고 불안한 감정에서 외면하고 싶은 마음으로 부정적인 신호로 나타날 수도 있다. 또한 성공했던 좋은 경험이 기쁨의 감동이 주는 감정으로 '힘들지만 재미있고 해 볼 만하다'는 긍정적인 신호로 나타날 수도 있다. 이 마음이 주는 신호는 인간이 지닌 본능적인 보호와 방어 감정이 있기 때문이다.

자신을 보호하기 위해 현실에 나타난 욕망을 무의식적으로 조절하거나 왜곡하려 하기도 한다. 즉 마음을 평정하기 위한 심리학적 방어 메커니즘이다. 마음이 주는 불안한 신호는 자아에 닥친 위험을 알리는 신호다. 어떤 문제나 상대에게 느낀 마음을 이해하지 못하고 외면하면 표현되지 못한 이 감정은 사라지지 않는다. 차후 문제로 나타나면 선명하게 각인시킨다.

무엇보다 내 마음이 주는 감정 신호를 이해해야 한다. 그러기 위해서는 제일 먼저 그 마음이 준 느낌을 알고 오는 느낌에서 이탈하거나 회피하지 말아야 한다.

신체적으로 나타나는 현상이나 생각으로 인한 감정을 적극적으로 내면을 들여다보라. 불안하다면 부정적인 느낌을 찾아본다. 알 수 없는 불안도 그 마음이 주는 정체를 알고 나면 충분히 통제될 수 있다. 회피하거나 후일로 다음으로 미룬다면 통제는 당연히 불가능하다.

마음이 주는 신호를 이해하라. 무시하거나 대수롭지 않게 여기지 말고 원인의 근간을 찾아보라. '왜 발생했는지', 반복했던 시기와 상대, 알 수 없는 기억속의 무엇이 있는지를 알면 이해가 된다. 그렇게 되면 알 수 없었던 내 마음이 주는 신호를 알 수 있고 이해가 된다.

06

나쁜 감정을
회피하지 말라

나쁜 감정은 꼭 나쁜 것은 아니다.
즉 자신을 당당하게 표현하는 솔직한 감정이 될 수 있다.

나쁜 감정은 낮은 자존감을 만든다

부정적인 나쁜 감정은 누구나 있다. 그렇지만 이 감정을 모르쇠 하거나 회피하지 않고 살아갈 수 있을까? 어떻게 자신이 느끼는 나쁜 감정들을 돌파할 수 있을까? 만약 느끼는 감정대로 다 표현한다면 따돌림 받을 수 있다. 조직에서는 그렇다면 잘리지 않고 평탄하게 조직 생활할 수 없을 것 같다. 가정에서도 마찬가지다. 가족들은 자연히 싫어하지 않을까?

많은 인간관계에서 사회적 규범이나 윤리적인 일이라면 모르지만, 나쁜 감정은 괴로운 감정이다. 특히 생업 현장에서 일어나는 일이라면 자존감에 많은 상처가 남는다. 사람이 사는 사회에는 최소한 지켜야 할 예의와 상식은 다 안다. 모르는 낯선 이에게도 서로가 배려하는 마음은 기분이 좋다. 문제는 일방적인 상황에서 늘 발생한다. 특히 '갑'과 '을'의 위치는 옛날보다 많이 나아졌지만 그래도 나타나는 나쁜 현상은 있다.

화나고 속상한 나머지 애꿎은 상대에게나 자신을 자책한다. 가족과 주변인을 괴롭게 하기도 한다. 자신이 받은 자존감의 나쁜 감정을 해결하지 못하고 매번 받는 상처를 외부에 터트린다면 어떻게 될까? 그로 인해 자신의 위치는 더욱 좁아질 것이고, 나쁜 감정 회복을 위해 노력하지 않는다면 실패한 인생이 되지 않을까?

사람은 저마다 지닌 개성과 독특함이 있다. 비슷비슷할 것 같지만 그렇지 않고 다양하다. 아무리 힘든 상황도 꿋꿋이 자신에게 주어진 삶을 사는 사람은 멋있다. 지인 K씨는 상당히 합리적이고 선량한 사람이다. 성실하고 자애로워 어린 자녀의 마음 하나하나에도 배려하며 가장으로 아빠로서의 위치에 손색없는 사람이다.

어느 날 조그마한 생업 터전 음식점에 온 손님에게서 일어난 일이다. 여느 날과 다름없이 혼자 손님 테이블마다 음식을 차려주고 서비스를 하는 도중이었다. 상사를 모시고 온 테이블의 상사가 담배가 없다고 했다. 부하인 손님은 자신이 사오겠다고 일어서서 밖으로 나가는 척하며 K씨를 불렀다. "나 대신 담배 좀 사다주세요." 부탁도 아닌 당연히 해야 한다는 듯 말한다. K씨는 그럴 수 없다고 딱 잘라 말했다.

사업장에 온 손님이지만 상식적이지 못한 일을 "부탁합니다." 해도 안 될 일을 아무렇게나 대하는 태도가 싫었다. 한참을 서비스하며 생각하던 K씨는 문제의 테이블에 다가가 두 사람이 있는 자리에 서 정중하게 담배를 사다 주지 않았던 이유를 말했다.

"이 매장에 서비스하는 사람이 나밖에 없는 이유도 있습니다. 하지만 그렇지 않다 해도 나는 손님의 담배까지 사다 줄 의무는 없습니다."라고 말했다.

그 얘기를 들으며 나 같았으면 어땠을까 생각해보았다.

이처럼 자신에게 주어지는 나쁜 감정을 솔직하게 정면 돌파 하는 감정도 있다. K씨는 그 손님이 차후에 또다시 오지 않을 것이라는 것도 알고 있었다. K씨는 자신이 그렇게 말함으로 타 사업장에서도 그렇게 해서는 안 된다는 것을 일깨워주려고 했다는 것이다.

그러나 그 손님은 또 다른 어떤 음식점에서 자신을 합리화하며 자신의 사업장을 비평하며 나무랄 수도 있을 것이다. 나쁜 습관이 된 일탈의 마음으로 아무렇지도 않게 명령처럼 대하는 불합리를 들어준다면 어딜 가서도 그렇게 할 수 있기 때문이라 했다.

나쁜 감정을 의식하는 감정은 나쁜 것이 아니다

자신에게 주어진 환경에서 제각기 미래의 꿈을 안고 열심히 노력하는 중 많은 나쁜 감정을 불러일으키는 일은 발생한다. 처음 한두 번은 얼떨결에 무의식적인 반응으로 자신을 회피하지만 시간이 지날수록 그 감정들이 누적된다면 어떨까. 각자 지향하는 의식의 방향은 다르지만 그 나쁜 감정은 꼭 나쁜 것은 아니다. 즉 자신을 당당하게 표현하는 솔직한 감정이 될 수 있다.

나쁜 감정은 편안하지 않은 상태를 말한다. 어떤 문제에서 일어난 감정의 부정적인 생각이다. 자신에게 좋지 아니하거나 옳지 않은 현상의 일에 대하여 일어나는 감정이다. 상식적이지 않고 합리적이지 못한 감정을 부르는 문제는 있다. 상황을 못 본 척, 못 들은 척, 언제까지 회피할 수 있을까? 그럴수록 자신감은 상실되고 존재감은 더욱 낮아진다.

수잔 데이비드(Susan David) 하버드대 심리학 박사는 『감정이라는 무기』에서 "공포, 슬픔, 불안, 두려움, 분노 등의 부정적인 감정도 나쁜 것은 아니다. 감정은 인간이 살아가는 데 필요한 무기로 위험한 환경으로부터 자신을 지켜내기 위해 진화시킨 신경체계"라는 것이다.

실수했던 사람이 또 다시 실수를 하면 과거의 실수를 떠올리고 좋지 않았던 감정과 함께 생각한다. '칠전팔기'라는 말은 있지만, 실패의 경험이 주었던 좌절감, 수치심, 열등감은 있다. 극복하지 못하면 누구나 쉽게 도전할 용기를 내지 못한다. 사회적으로 성공한 이들을 보면 실패를 딛고 일어선 이들이다. 다시 시작할 용기가 없었더라면 이룰 수 없는 일이다. 나쁜 감정을 두려워 할 것이 아니다. 실패를 정확히 파악하고 자신의 무기로 삼아야 한다.

부정적인 나쁜 감정이 발생하는 순간 그 감정에 솔직하게 마주하라. 용기는 생각보다 쉽지 않다. 그렇다고 위선적인 긍정을 한다고 행복해질까? 행복한 감정도 아픈 감정도 우리 삶에 많은 영향을 미친다. 행복보다 아픈 감정이 주는 영향력은 훨씬 앞선다.

다만, 실패했던 아픈 나쁜 감정을 어떻게 대하느냐에 따라 미래는 달라진다.

나쁜 감정을 회복하는 도전의 자세

나 역시 마찬가지다. 그동안 살아오면서 성공했던 일도 있지만 실패로 인해 많은 좌절과 아픔을 겪었다. 너무 아픈 나머지 분노와 우울증으로 많은 시간을 보냈다. 그 당시 마음은 누구의 위로도 전혀 마음에 와 닿지 않았다.

남들에게 괜찮은 척했던 감춰진 마음은 많은 공허함과 우울증으로 시달렸다. 결과적으로 그 고통은 당연히 내가 안아야 했다. 그 분노의 마음은 나와 정면 대결하는 진정한 자아를 보게 된 것이다. 그리고 두 번 다시 그 감정에 휩쓸리지 않는 내 감정을 포용하는 계기가 되었다. 어느덧 시간 속에 내 감정을 털어내는 글을 쓰고 개인 블로그를 만들어 처음엔 비공개로 했다. 그 과정의 하나하나에서 나의 진실을 드러내는 일들을 만났다.

나 자신을 엄격하게 짓누르던 부정적인 나쁜 감정에서 벗어났다. 나를 사랑하고 그 아픔까지 포용하는 단계의 마음이 오늘의 작가로 변신하게 했다. 그 과정에서 맞서지 않고 회피했다면 어떠했을까? 나는 그저 과거를 돌아보고 한탄하고 있었을 것이다. 어느 누구도 좋게 봐주지 않는 늙은이로서 불행한 삶을 마감하게 될 것이 뻔했다.

세상에는 많은 자기계발서가 있다. 심리학책에서는 부정적인 감정에서 벗어나 긍정적인 생각을 하라고 한다. 그렇지만 당사자가 되어본다면 그 무엇보다 중요한 것이 있다. 긍정의 조언보다 내재된 나쁜 감정으로부터 마음을 회피하지 말아야 한다. 덮어두고 모르는 척하는 나쁜 감정은 아무리 '긍정적인 생각을 하라!', '부정적인 감정에서 벗어나라!' 해도 소용없다. 무엇보다 실수와 실패를 인정하고 나쁜 감정을 삶의 무기로 바꾸는 요령을 터득해야 한다.

실수와 실패라는 부정적 나쁜 감정을 두 번 다시 겪지 않을 강점으로 활용해야 한다. 부정적이었던 불안한 감정은 위기관리를 할 수 있는 무기가 되고, 소심하였던 내면은 더욱 세심함으로 장점을 발휘하게 된다. 또 다시 실패하지 않으려는 마음을 품으면 주변에서 누구도 무시하지 않는다.

나쁜 감정이 치솟을 때에 발버둥 치며 벗어나려 한다면 무기가 될 수 없다. 거부하면 할수록 스트레스로 인한 마음의 중압감이 된다. 먼저 그 존재를 인정하는 것이다. 불안하다면 그 감정을 받아들이면 된다. 잘못될까 봐 온갖 생각이 들 것이다. 여러 생각들을 생각한 뒤 당신이 할 수 있는 행동을 찾아 실행하면 된다. 회피한다면 어떻게 될까? 아무런 대비책이 없는 사람을 신뢰하고 믿어주지 않을 것은 뻔하다.

불안은 나쁜 감정일 때만 올까? 살아오며 원치 않았지만 실패나 실수로 인한 분한 마음에서 온다. 이 부정적인 감정을 잘 활용하면 훨씬 강력한 행동을 부르는 창조 에너지로 전환된다. 아무리 힘든 상황도 미리 예상하면 견딜 수 있다. 스트레스 받은 만큼 예상하고 미리 준비하기 때문이다. 다가올 일을 미리 상상하고 인지하면서 제일 잘하는 일을 해보라. 잘 안 되었을 상황도 미리 그려보라. "어렵지만 해보자"의 감정을 쉽게 포기하지 말자.

불안의 원인을 해결하라고, 자신의 약한 성격을 고쳐보라고 하지 않는다. 단지, 자신의 나쁜 감정을 바라보는 관점을 바꾸는 것뿐이다. 오직 자신에게 주어지는 나쁜 감정을 포용하라. 나쁜 감정을 회피하지 말고 인정하여 또다시 일어설 수 있는 강점의 무기로 사용하라.

07

나를 성장시키는
내 마음 지키기를 하라

적극적으로 나서면 길은 열리나
소극적으로 나서면 갈 수 없다.

내 마음의 성장통은 있다

어느 날 건강하던 아이가 무릎이나 발목을 붙들고 아프다고 대굴대굴 구르면 부모는 너무나 놀란다. 서둘러 병원을 가서 온갖 검사를 해봐도 도통 원인이 발견되지 않는다. 보통 이러 때 의사들은 '성장통'이라 한다. 아이는 얼마간 아프다가 낫기도 하지만 제법 오래 갈 때도 있다. 뼈가 자라며 뼈 주변의 조직들이 마찰을 일으켜 나타난다는 학설도 있다. 어른도 이와 같이 성장통을 앓는다. 곧 마음이 아픈 일이다. 어른이라 하여 뭐든 다 잘할 수 없다. 세상풍파 모든 것을 아무렇지 않게 넘기지 못하는 일들이 있다. 경쟁적인 학업과 취직, 직장, 결혼, 사업, 이혼, 성공과 실패 등을 겪으며 스트레스로 인한 힘겨운 삶을 호소한다. 그나마 잘되면 다행이지만 대부분 '세월이 약'이라는 생각으로 참고 견디는 방법 외에 별다른 생각을 하지 않는다.

이처럼 무작정 참고 견딘다고 아픈 마음이 해결될 수 있을까? 그렇게 잊혀진다면 현대의 정신의학과 심리학은 아무 쓸모없는 학문이 되지 않을까. 전문의들은 그들을 마냥 두면 육체적 질병으로 이어져 성인병으로 나타난다고 한다. 마음에 숨겨진 아픔을 조절하지 못하고 자기감정을 제대로 표현하지 못함으로 어른들의 성장통은 아이들 성장통보다 훨씬 심각한 경우가 많다.

아이들은 성장통을 앓고 나면 더욱 뼈가 튼튼해져 성인이 되지만, 어른들은 청소년과 다르다. 반항하거나 함부로 말하면 자칫 미숙한 어른으로 드러날까 봐 못한다. 함부로 표현하지 않고 자신만의 내면에 억누르고 꽁꽁 숨기기를 계속한다.

아는 지인 L관장은 헬스장을 운영한다. 3년 전 그 헬스장을 전 주인에게서 이어 운영하던 중 바이러스 사태를 만났다. 모두 그렇지만 어려움을 견디며 힘겨운 나날을 보내던 중 집안에 일이 생겼다. 그렇지 않아도 어려운데 어쩔 수 없이 L관장은 3일 동안 문을 닫고 다시 문을 열었다.

회원들이 "집안에 일이 있다고 그렇게 무책임하게 문을 닫아도 됩니까?" 하며 연회비를 들먹이며 불평을 하였다. 오랜 단골 회원의 빈정거림을 처음엔 별 대수롭지 않게 여겼으나 계속된 불만을 여기저기 하는 것을 보았다. 너무나 상처를 받았다. 거의 하루도 빠짐없이 오는 회원이라 참으려 했지만, 도저히 그냥 넘어갈 수 없었다. L관장은 문제의 회원을 정중하게 사무실로 불렀다. "ㅇㅇㅇ회원님! 연회비 30만 원을 내신 것은 맞습니다. 하지만 거의 매일 오시니 1년에 65일은 빼고 300일 동안 오시면 하루 1,000원 됩니다."라며 "그 돈이 그렇게 아까우시면 다른 곳으로 가셔도 됩니다."라고 말했다. 3일 동안 영업장 문을 닫을 수밖에 없는 이유에 대해 전혀 배려 없는 그 회원에게 단호하게 말했다. 자신의 솔직한 마음을 표현하니 전혀 후회되지 않는 당당함을 담담하게 말했다.

진정한 자아가 주는 삶을 넘는 과정

독일의 실천 철학가인 요하네스 부체는 『내 마음 지키기 위한 철학학교』에서 우리가 얼마나 우리의 '영혼'에 대해 소홀히 취급하는지를 꼬집는다. 그의 표현에 따르면, 우리는 기계부품을 정비하거나 교체하는 것처럼 '영혼'을 대한다는 것이다. 실컷 영혼을 학대하고 나서 영혼이 고장 나면 '사람'이라는 제 기능을 다하기 위해 모듈을 바꾸듯 영혼을 치유하려 애쓴다는 것이다.

저자는 소원하는 것과 현실 사이의 절망과 쾌락 사이를 쉬지 않고 오락가락하는 현대인들에게 말한다. 자신을 지키는 영혼이 평안함에 이르는 길을 모색하라고 한다.

우리는 살면서 너무나 바쁜 생활을 하며 정신없이 쫓기듯 살고 있다. 새로운 아침이 되면 습관적인 반복을 하고 무의식적인 생각으로 집을 나선다. 직장과 각자의 하는 일을 찾아간다. 밤사이 일어난 일들을 체크하고 어제 못 다한 친구와 SNS를 한다. 남들에게 자신이 살기 위해 무던히 애쓰는 모습을 보인다. 정작 자신의 마음이 어떠한지에 대해 그다지 심각하게 생각하지 않는다. 그렇게 하루하루를 산다고 할까?

진정한 자아가 주는 삶을 살고 있을까? 현실이 추구하는 성공이라는 욕망의 열차에 태워, 그저 정신없는 정보의 홍수 속에 휩쓸려가는 듯한 생활이다. 다른 사람의 감정에 휘둘리지 않고 내 마음을 성장시키고 지키는 셀프 심리 코칭이 필요하다. 어떠한 상황에도 자신의 마음을 지키는 과정은, 그만큼 자신을 성장시키는 동력이 된다.

조직도 급속히 성장하면 성장통을 앓는다. 경영하던 회사는 급성장을 주도했지만, 제대로 보완하지 못하고 몸부림치는 고통이 있었다. 모든 일에는 의식함으로 말미암은 성장하고자하는 욕망이 뒤따른다.

수시로 새로운 방안과 실천하는 역동적 실행이 뒤따르려면 무엇보다 정보 공유가 중요하다. 그런 만큼 지점마다 동일하지 않은 의식 차이는 늘 덜컹거리는 조직이 있었다. 조직 성장의 고통은 한 개인의 정보 부족으로 손발이 맞지 않는 경우다.

조직의 효율 극대화는 의사소통의 정보 공유로 자신의 포지션이 중요하다. 급기야 'Why?'에 대해 집중적인 교육을 했다. "어떻게 살려고 하니?"의 전략과 "왜 살려고 하니?"의 목적의식, "무엇 때문에 살려고 하니?" 하는 목표로 자신과 회사를 지키기 위한 대대적인 정신의식 교육이다. 무엇보다 원칙적이고 차별적인 것들이 전부가 아닌 남과 다른 점, 문제점, 장점을 파악하려고 한다. 직장에 몸담은 개인과 조직은 정확한 정체성과 자아가 필요하다.

그렇게 될 때 자신을 지키며 성장하는 건강한 조직과 개인이 된다. 균형 잡힌 조직은 과거와 현재를 정확하게 판단하고 분석해야만 미래로 가는 판단을 한다. 자신이 어떤 성향과 강점과 약점이 있는지 파악하는 것은 그만큼 여유 있는 마음 지키기가 된다.

세계적인 선수 마이클 조던은 그 점을 분명히 알고 있다. 자신이 모든 경기에서 한 경기당 평균 32득점을 하는 것을 알고 한 쿼터 당 득점을 정했다. 12분 한 쿼터에 8점 4골을 넣으려면 자신은 3분에 한 골씩 넣으면 된다는 점을 정확히 알았다. 때문에 상대의 행동이나 감정에 휘둘리지 않고 여유 있게 득점을 할 수 있었다. 이것을 알고 자신의 포지션을 일깨웠다.

성장을 통한 내 마음 지키기 나만의 비법

청소년이 급속하게 성장하면서 육체적인 성장통이 있듯이 어른이 내 마음을 지킨다는 것은 나를 성장시키는 것이다. 성장에는 자연히 고통이 따른다. 그 고통이 주는 마음을 지키지 못한다면 다가오는 문제로부터 좋은 감정을 지키기 어렵다. 자신의 마음 지키기는 어려울 수밖에 없다. 실력은 능력을 발휘했을 때 나타나며 미래는 그 능력이 철저히 평가되어 한 개인과 조직은 성장한다.

내 마음을 지키는 성장통을 타인이 대신 해줄 수는 없다. 인생의 철학을 기반으로 자신과 대화를 통한 성장을 촉진하며 이끌어가야 한다. 힘든 과정은 있다. 계속된 내면이 말하는 것을 경청과 질문, 지지와 격려, 인정하며 진정성 있는 자신을 들여다보아야 한다. 스스로 코치가 되며 자신의 마음을 코칭하며 지켜야 한다.

순간적인 감정과 생각에 이끌리지 않고 마음이 휘두르는 대로 두지 않을 때 마음은 건강해진다. 내 마음 지키기가 되는 과정이다. 쓸데없는 걱정과 나타나지도 않은 불안 때문에 힘들어야 할 이유는 없다. 자신에게 좋은 것에 집중하고, 나에게 주어지는 긍정적 감정을 선호하자. 괴로운 감정은 내려놓고 놓아버리는 좋은 생각을 강화함으로써, 우울하고 불안한 마음이 불러오는 분노는 멀어지게 된다.

냉전 시대에도 세계를 재패한 코카콜라와 맥도날드 햄버거를 보라고 한다. 한 기업의 스토리보다 더 깊이 들여다보라고 했다. 우리는 어떻게 나아갈 것인지 남다른 각오를 상기시키는 미래를 위한 꿈을 현실로 만들어보자고 똘똘 뭉쳤다.

'He can do!', 'She can do!', 'Why not me?', ' 우리도 할 수 있다!' 고 부르짖었다.

세계적인 오늘의 기업도 처음에는 보잘것없는 상태였고 어려움을 겪으며 성장했다. 우리 회사도 당당히 세계에서 Korea를 내세우는 회사가 될 수 있다고 했다. 급성장과 똘똘 뭉친 우리 조직에 '공포의 외인구단'에 이어 '신흥 종교 집단'같다는 닉네임이 붙었다. 그럴 수 있었던 것은 'Why?'에 대한 확실한 남다른 신념이 형성되었기 때문이다.

나를 성장시키는 내 마음 지키기에는 누구나 성장통을 앓는다. 그 길을 가려고 적극적으로 나서면 길은 열리나 소극적으로 나서면 갈 수 없다. 그러기 위해서는 연약한 마음을 단단히 지켜내야 한다. 먼저 부정적이었던 아픔 속에 자신을 대입시키지 않아야 한다. 확실한 의지와 자아를 알았다면 누가 뭐래도 그 길을 가는 것이다.

또한 그 길을 가는 자신을 신뢰하고 믿는 믿음을 굳세게 해야 한다. 그 믿음이 주는 마음을 이해하고 어떤 상황 인간관계에서도 단단히 지켜보라! 그 과정에서 불안하고 부정적인 마음에서 벗어나 성숙한 삶이 된다. 변화하는 성장 속에서 삶의 목적과 성공하는 열정을 느껴보라. 나를 성장시키는 내 마음 지키는 이가 되어보라!

-

5장

뻔뻔하게,

나답게,

단호하게

살아라

뻔뻔하게, 나답게,
단호하게 살아라

나 아니면 누가 하느냐고,
지금이 아니면 언제 할 거냐고 말해보라.

생각을 바꾸는 발상을 하라

사람은 누구나 자유롭게 생각하고 행동하고자 하는 욕구가 있다. 상대로부터 강요당하거나 압력을 받으면 자유롭고 싶은 감정은 위협으로 반발하지 않을까? 받아들이지 못하고 오히려 반대되는 합리화하는 태도로 자유로운 감정을 회복하려 한다. 청개구리 심리다.

우리 회사 사업장은 결혼식 외에 어떤 단체모임 행사도 다하는 사업장이었다. 그러니 한 가지 콘셉트의 인테리어는 모든 행사 취향을 맞출 수 없다. 일생일대 한 번의 결혼식을 화려한 공간에서 하고 싶은 것은 당연한 바람이다. 고객의 입장에서 보면 접근성, 주차, 아름다운 공간, 맛있는 요리와 서비스를 바라는 것은 당연하다.

초특급 호텔보다 일반적인 시중의 웨딩은 그러한 만족을 갖게 하기에는 부족한 점은 당연히 있다. 좋은 공간과 시간, 서비스와 저렴하기까지 바라는 고객에게 우리는 뻔뻔해지기로 했다. 그 당시까지 웨딩은 화려해야만 한다는 일반적인 생각을 바꾸게 한 계기가 우리 회사로부터 생기지 않았나 한다. 주 5일 근무가 끝난 훌륭한 텅텅 빈 빌딩 주인은 남는 시간과 공간을 임대해주므로 부수입 창출과 효율적인 관리로 우리 회사를 환영했다.

그러니 이미 만들어진 건물 틀을 바꿀 수 없지만 어떤 행사든 할 수 있는 공간 연출을 위해 꽤 많은 고심을 했다. 고객을 억지로 설득하는 것이 아닌 고객 스스로 생각하고 결정할 수 있게 한다. 지금 생각하면 청개구리 심리를 작용케 했다. 대신 섬세하고 부드럽게 고객을 리드하고 고객의 눈높이를 배려한다. 그들은 행사를 끝내면 대다수가 만족하고 또 다른 행사로 단골들이 되었다. 꼭 화려하고 멋있는 것만이 고객을 만족시키는 것이 아니었다.

뻔뻔하다는 용어를 잘못 이해하면 부정적 감정을 느낀다. 하지만 정당한 뻔뻔함이라면 나쁘다고만 보아야 할까? 상대의 의견이 긍정적인 감정도 있을 수 있다. 반면 무조건 반대하거나 민감하게 반응하는 심리도 있다. 반대로 생각하거나 행동을 하려는 경향이다. 그들은 매사 자신의 생각이 옳고 우수하다는 생각을 한다. 상대가 어떻게 해도 의견을 비판적으로 보려 하는 경향도 있다. 정상적인 뻔뻔함은 그 감정에 휘둘리지 않고 단호하다.

즉 이들은 자기 생각을 상대로부터 긍정적으로 평가 받고 싶은 욕구 유발로 심리적 저항을 불러일으킨 것이다. 그런 상대의 의견을 제한하려고만 한다면 어떻게 될까? 오히려 그 제한된 행위를 촉발하게 유도하는 행위다. 뻔뻔한 것을 나쁘다고만 할 수 없다. 상대의 심리를 그대로 받아들인다면 좋은 결과를 기대하기는 쉽지 않다. 청개구리 심리는 악의적으로 상대를 이용하기 위함이 아니다.

상대의 생각을 존중하고 가치를 증가시키므로 궁극적으로 의사 결정을 빠르고 명확하게 하는 것이다. 부족한 부분이나 남들보다 나은 점이 없다고 나 자신의 감정 선택 자유를 억압하는 것은 옳지 않다. 모든 사람은 기본적인 자유를 누리려는 욕구가 있기 때문이다. 제한된 억압받은 나쁜 감정은 당연히 자유를 갈망하게 된다. 갈망하는 감정이 원하는 의지의 방해를 받으면 반발하게 된다.

많은 마케팅에서 이러한 심리를 이용한다. 개인의 심리 기전을 구매를
위한 상대의 마음을 움직이게 하는 감정이다. 판매 세일즈나 마케팅에
는 상대를 향한 심리적 의도가 숨어 있다. 사회생활의 많은 인간관계에
서 원활한 관계를 잘하려면 나만 착하고 잘한다고 되는 것은 아니다. 웬
만해선 괜찮은 척하느라 내면에 상처받는 일은 허다하다. 다시는 그러지
말아야지 하고 다짐하지만 좀처럼 잘되지 않는 때도 있다.

뻔뻔하기 위한 노력을 해야 한다

사업 영역을 확장하려고 중국을 몇 년 동안 다닐 때 일이다. 우여곡절
을 겪으며 그래도 언어가 통하는 조선족 동포가 있어 위안을 삼았다. 서
로가 오가며 계약서를 쓰는 과정부터 순탄치 않았다. 그야말로 왕 바가
지를 썼던 일을 뒤늦게 알고 단호한 결정을 내렸다. 우리 직원을 중국에
직접 파견하고 법인을 만들며 언어 습득부터 하게 했다.

1년의 시간이 흐르고 진화된 언어 습득으로 그 직원에게 중국인 변호사
를 찾으라 했다. 중국인 같지 않은 합리적인 근간을 둔 변호사다. 우리 직

원은 이십여 명의 변호사와 면담 후 찾은 변호사를 우리 회사로 초빙했다. 그동안 진행되어온 사연과 증거를 보고 그 변호사는 재빠르게 상황을 판단하고 나에게 4장의 이메일에서 모든 것이 구름 걷히듯 드러났다.

단순히 언어만 통한다고 좋아할 것이 아니었다. 통역하는 그들도 자신의 이익과 소속된 조직의 일원으로 불리한 것은 제대로 통역하지 않은 것이 드러났다. 만약 우리 스스로 대안을 찾아 나서지 않았다면 제대로 된 반항도 못하고 그들에게 그야말로 당했을 것이다. 뻔뻔하게 중국어 한마디 못 하는 직원을 상주시키고 말과 문화를 배우게 하고 단호하게 대처했다. 그 당시 더 이상 투자와 손해를 보지 않고 우리답게 결정하고 그만두었다.

나답게 산다는 것은 무엇일까? 즉 자신의 삶의 주인으로 살아가는 것이다. 그러기 위해서는 어려서부터 자라온 환경이 중요한 역할을 하지 않을까? 좋은 환경과 사랑 많은 가족이 있다. 본인보다 타인에게 배려하는 것이 미덕이고 가치 있는 삶이라고 생각하며 성장했다. 막상 사회에 나와 타인에게 배신과 이용당한 경험으로 세상 사람을 믿지 못하는 경우가 있다. 이 경험으로 가치의 삶은 자연히 세상을 믿지 못한다.

가까운 친구에게도 속마음을 털어놓지 못하고 삶이 점점 재미없고 우울하여 생활의 활력을 잃는다. 시간이 지날수록 나아지지 않고 주변인과 멀어지며 원만한 인간관계가 멀어지는 것을 느낀다. 위의 일들은 자기 삶에 주체자로서 자아를 성장시키지 못하는 감정이다. 나다운 삶을 산다는 것은 자신에게 주어진 길을 주체자로서 자아를 성장시키는 것이다. 또 다른 외부 세계와 적응하며 타인과의 관계가 원만하여 주어진 삶을 충실하게 나답게 살아야 했다.

그러려면 무엇보다 자신의 내면에 귀 기울이며 자아의 존재를 들여다보아야 한다. 무엇을 말하고 싶은지 욕구와 나의 감정을 알고 이해해야 한다. 자아의 존재를 존중하는 것이다. 자아의 성장은 내면의 욕구가 존중될 때 나답다. 하지만, 사회생활에는 직장이 나보다 우선이 되어야 하고, 가정이 나보다 먼저 되어야 하는 개인의 희생을 요구하는 문화가 있다.

그 문화를 중시하면 어떻게 될까? 그들에게는 당신이 예의바르고 성숙해 보일 수 있다. 하지만 점점 자아의 내면은 약해지고 진정한 성숙함은 어렵다. 그로 인한 자신의 감정과 욕구를 신뢰하지 못한다. 여러 관계는 표출하지 못한 감정으로 실의에 빠지게 된다. 내 삶의 진정한 자아의 자리보다 타인의 시선으로 살아가는 삶이다. 무엇보다 나답게 사는 단호한 결정이 중요하지 않을까?

뻔뻔하게 당당한 나다움으로 나아가는 길

앞서 예의 우리 회사는 남들이 갖지 못했던 우리만의 뻔뻔함이 있었다. 일반 빌딩에서도 결혼식을 할 수 있고 그에 따른 우리만의 방법을 살려낸 것이다. 화려하고 좋아 보이지 않아도 심플하고 다소의 럭셔리함이 비록 부분적일지라도 그에 충족해줄 수 있는 의미는 있다. 뻔뻔함으로 그 당시 호텔 외에 어디에도 못 받는 봉사료 10%를 우리답게 당당하게 받았다.

중국 일도 마찬가지다. 언어의 장벽을 누군가에게 의지하고 그들에게 질질 끌려갔다면 어떻게 되었을까? 이것이 아니라고 느껴졌다면 단호히 결정해야 한다. 그러기 위해서 내면의 정체성을 찾으려 했고 찾은 문제점에 뻔뻔하고 우리답게 단호하게 대처했다. 그런 결정들은 후회 없는 회사의 폭풍 같은 성장의 기틀이 되었다.

인생의 궁극적인 목표는 나 자신을 뻔뻔하게, 나답게, 단호하게 사는 것이다. 남들이 뭐라는 일에 신경 쓴 나머지 자기 마음을 잃고 사는 일은 불행한 삶이다. 누군가의 사랑을 받기 위해서, 신뢰를 잃는 것이 두려워 그들에게 맞추어 성공했다 해도 성공한 삶이라 말할 수 있는가? 그 당시는 몰랐어도 원하는 성공 후 더 이상 에너지를 발생하지 못한다.

그런 삶을 살지 않으려면 나답게 살아야 한다. 느끼고 싶지 않은 감정을 억지로 느끼려고 정작 자신이 원하는 삶을 살지 못한다면 어떨까. 더 많이 가지라고 더 훌륭한 사람이 되어야 한다고, 마냥 해서 정상에 오르지만 극심한 공포심과 허탈감에 결국 나락으로 떨어질 수도 있다. 우울증에 걸리는 심리는 이와 같다.

지그문트 프로이트는 자신에게 완전히 솔직해지는 일은 인간이 해낼 수 있는 최고의 역작이라고 한다. 누구나 자유롭게 생각하고 행동하고자 하는 욕구를 상처로 인한 자책과 소심함으로 타인의 감정에 휘둘리고 살 수밖에 없다.

인간관계 중심에 나 자신이 존재하고, 이어지는 상대방으로 인한 두 사람의 관계가 뒤따른다. 좋은 사람이 되려고 나로부터 존재하지 않는다면, 휘둘려진 감정은 괴롭고 힘든 콤플렉스만 남는다. 스스로에게 질문해보라. 나 아니면 누가 하느냐고, 지금이 아니면 언제 할 거냐고 말해보라. 완전히 솔직해져 결국 이 감정을 실행할 사람은 자신밖에 없다.

뻔뻔하게, 나답게, 단호하게 살라고 말한다!

과거의 나를
미련 없이 버려라

눈부신 삶을 원한다면 미련 없이 버려야
미래를 위한 강한 추진력이 된다.

버리고 비움으로 눈부신 미래의 삶을 채워라

미련 없이 버리라는 것은 가벼워지고 단순해지는 것이다. 과거의 나를
버린다고 단순해질수 있을까? TV에서 모 인기 배우이자 탤런트 부부의
사는 모습을 보았던 기억이 난다. 훤하고 넓은 집안은 어느 가정에서나
볼 수 있는 환경이 아니었다. 물론 빌트인에 들어 있겠지만, 눈에 보이는
곳들은 소소한 것들이 아무것도 없었다. 더욱 놀란 것은 큰 냉장고 문을
열었을 때 텅 빈 공간에 아주 작은 플라스틱 통 두 개인가만 보였다.

순간 생각했다. 저러려면 냉장고는 왜 사용할까? 차라리 매끼니 때만 사다 해먹고 없어도 되겠다는 생각을 했다. 그럼에도 그녀를 정리의 여왕이라고 사람들은 칭송했다. 아직도 이해가 잘 안 된다. 전혀 아쉬워하지 않던 그녀의 표정이 그 이미지를 더 극대화시킨 것 아닌가 생각되었다. 나 역시 정리정돈은 기본이다. 웬만한 것은 더 이상 늘어나게 하지 않고 1년 이상 안 쓰고 입지 않는 옷은 정리하는 편이다. 자연인으로 살고 싶은 내려놓음일까?

마음이나 집안 물건 등 주변을 정리한다는 것은 단순해지고 싶은 마음에서 출발한다. 정리의 핵심은 비움이다. 사용하지 않는 물건 등은 정리하기 힘들다면 전문적으로 정리하는 사람에게 의뢰하면 된다. 반면 그들이 할 수 없는 마음 정리는 본인만이 할 수 있는 일이다. 그것도 과거의 나를 미련 없이 버릴 수 있을까?

과거 감정을 버리는 것은 그것에 집착하지 않겠다는 것이다. 현재 이 순간 삶에 여유롭고 몰입할 수 있는 장점은 된다. 그러기 위해선 과감한 결단력이 필요하다. 우울하고 아프던 감정들, 실패하고 좌절하던 감정은 현재 나에게 도움이 안 된다. 괜찮은 척하며 상처받은 감정, 미움 받고 싶지 않아 애쓰던 마음, 싫은 것을 싫다고 표현하지 못했던 관계들이다. 부정적인 마음에서 자유롭지 못하고 자신을 지키지 못했던 감정들은 있다. 예컨대 상처받은 감정은 괜찮은 척해도 없어지지 않고 아무렇지 못하다. 상대의 감정에 휘둘려 혹시 미움받을까 봐 애써 감춰왔다면 괜찮을까. 자신을 지키기 위해 부정적인 나의 감정을 고치려고 어떤 노력을 해왔는지 보라. 무엇을 버리고 정리하였는가?

살면서 꼭 있어야 하는 것이 무엇일까? 언제든 편안하게 해주는 친구, 자주 생각하며 웃음 짓는 추억도 있다. 좋아하는 음악이 있고 유명한 화가의 그림은 아니지만 언제나 느낌 좋은 그림도 있다. 까르르 웃는 해맑은 아이의 웃음소리처럼 청량한 과거도 있다. 그 과거가 오늘을 이루었지만 나쁜 과거로 인해 우울하고 움츠러든다면 삶에 도움이 안 된다. 오늘은 내일의 과거가 된다. 눈부신 삶을 원한다면 미련 없이 버려야 미래를 위한 강한 추진력이 된다. 즉 새로운 건강한 마음을 받아들이기 위함이다. 과거를 버리고 정리하면 빛난 미래 삶을 채울 수 있는 기회가 된다.

과거에 머물지 않는 비범함을 찾아라!

나는 사업에서 복잡한 일을 만날 때마다 되도록 단순해지려고 했다. 그 복잡한 일 속으로 문제만 보고 들어가면 여지없이 나타나는 문제들이 또 있다. 문제는 문제를 내재하여 더욱 복잡해지고 어떤 해법의 길을 찾지 못한다. 우선 단순하게 보려 했다. 내가 가진 편견이나 과거의 감정을 비슷한 현장에서 느끼려 하지 않았다. 이유는 시간, 과정, 무엇보다 대상이 다르다.

그런 후 되도록 전체적인 것을 본다. 문제가 발생한 과정보다 문제 이후 일어날 일들을 생각하려 했다. 이미 일어난 일에 대해 따지고 들기보다, 문제 현실을 명확히 보려고 한다. 과거의 어떤 좋았던 결과도 현재의 문제를 해결하는 일에 도움이 되지 않는다면 과감히 버리는 냉정함이 필요하다. 과거의 생각을 줄이고 현재 의식을 일깨워야 실제 현실을 볼 수 있었던 복잡한 일들이다. 그러려면 먼저 현재 나의 생각을 확신하는 의식의 힘이 필요했다.

자칫 잘못하다간 이것도 저것도 엉망이 된다. 복잡함을 세심하게 보았다면 더 많이 단순하게 마음을 정리한다. 미련 없이 내려놓으면 또 다른 좋은 믿음이 긍정적으로 나타났던 복잡한 일들이다.

불필요한 물건을 버리듯 도움이 되지 않는 과거 감정을 미련 없이 버리면 어떤 감정이 생길까? 단순히 자신 인생을 줄이는 것이 아니다. 인생 자체를 새롭게 바꾸라는 의미다. 익숙하지 않지만 새로운 의식이 존재한다. 예전의 평범한 의식을 뛰어넘는 수준이다. 이러한 더 높은 수준에 얼마든지 접근할 수 있으며, 이곳에서 자신이 소원하는 바를 이룰 수 있다. 이 상태에서 확신하는 감정은 상상 이상의 것들을 자신의 삶으로 끌어들이는 힘이 되어 커진다.

네빌 고다드(Neville Goddard)는 이렇게 말한다. "건강, 부유함, 아름다움, 재능은 만들어지지 않는다. 이것들은 마음을 어떻게 먹느냐에 따라 나타날 뿐이다. 자신에 대한 생각이라고 인정하고 받아들이는 모든 것이다."

현재 불안하고 우울한 마음의 뒤쪽에 '언젠가 좋아지겠지', '언젠가는 사용하겠지'라는 언젠가의 기대는 이제 미련 없이 버릴 때다. 그들이 불필요하게 쌓이면 감정은 더 복잡해지고 그 '언젠가'는 돌아오지 않는다. 주어진 삶을 더욱 가볍고 겸허하게 만드는 것은 '혹시나' 하는 미련을 갖기보다, 현재 주어진 일에 더욱 집중하는 것이다.

인간관계에서도 그렇다. 지나치게 많이 소유한 물건들이 나를 무너뜨리듯 인간관계도 그렇다. 모든 이에게 좋은 사람으로 남으려 한다면 어떨까? 꼭 어떤 많은 이들을 사귀어야만 인생이 행복해지는 그런 최고의 많은 사람들이 있을까? 어쩌면 더 많이 더 대단한 사람, 완벽한 관계를 찾아 헤맬 것이다. 그 많은 관계에서 나를 찾기보다 오히려 그들에게 잠식상하게 된다. 지나침은 모자람만 못하다는 것과 같은 맥락이다.

요즘은 '단순하게 살아야 한다', '내려놓아야 한다'는 화두가 많다. 현대인은 버리지 못한 늘어난 감정에 짓눌려 많은 에너지를 소비한다. 아무리 많은 생각을 해도 또 다시 아쉬워하는 마음이 생긴다. 그 생각을 정리하지 못하면 자신을 자책하게 된다. 정리하지 못하고 버리지 못하는 합리화하는 변명만 하다가 자기혐오에 빠지는 악순환을 초래한다.

지난 과거 잊을 수 없는 기억은 있다. 그 기억들로 가득 차 새로운 좋은 생각을 할 수 없다면 추억으로 고이 마음속에 간직해보자. 많은 관계에서 오는 자신의 원하지 않는 나쁜 감정의 소극적인 대인 관계에서 벗어나야 한다. 미련 없이 버리려면 다짐하고 마음먹은 자신의 생각을 인정하고 받아들이는 것이다.

미니멀 라이프(Minimal Life)가 주는 비범함을 찾아서

일상에는 그 당시마다의 시대적인 흐름이 있다. 폭풍처럼 성장했던 회사도 꺾인다. 다소 오래전 우리나라 사업자들은 100%의 세금을 신고하지 않은 풍토였다. 세무와 회계의 상식이 없던 우리 회사는 자연히 세무와 회계는 전문가에게 맡길 수밖에 없었다. 소위 전문가라는 그들이 하라는 대로 했을 뿐인데 결과적인 책임은 회사가 그대로 떠안는 결과다.

3년 사이 받은 두 번의 90일간씩의 본청 세무조사는 피를 마르게 했다. 설상가상으로 민주노총 산하 노동조합이 탄생되었다. 지난 과거 열심히 해보자고 많이 일했던 시간이 위법이라는 법리 아래 회사는 공격을 받는다. 서로 웃으며 어깨를 마주했던 인간관계는 간곳없어졌다. 죽을 것 같았다. 그때의 힘들었던 암울한 심정을 글로 표현하기 어렵다.

생각하고 싶지 않은 과거는 꼭 행복한 때에 생각난다. 몇 년 전 행복한 어느 설날 자녀들이 함께 모인 자리에서 그때가 생각나서 말했다. "그 당시 하나님이 나를 만져주시지 않았다면 아마 나는 폐인이 되었거나 이 세상 사람이 아닐 수도 있었다."라고 했다. 정리의 감정이다. 과거가 된 현실에서 법리적인 일과 불이익을 고스란히 안고 정리하던 몇 년간은 고통이었고 괴로움이었다.

지금까지 끌어안고 벗어나지 못했다면 당연 불행한 삶의 연속이었을 것이다. 요즘은 '미니멀리즘', '미니멀리스트'라는 단어가 유행이다. 예전에 누구에 의한 삶보다, 삶은 나로부터라는 개념으로 단순화되는 사회적 풍조다. 무소유까지는 아니지만 미니멀 라이프를 지향하는 것은 삶을 단순하고 심플하게 갖겠다는 비범함이다.

그러려면 과거의 나를 미련 없이 버려야 한다. 무엇보다 나에 대한 믿음이 '나'를 만든다. 먼저 자신을 믿는, 의식하는 확신이 중요하다. 두 번째 확신이 주는 새로운 가치관으로 생각을 바꾸겠다는 구체적인 결정을 해보라. 진짜 현실화된다. 과거의 나를 미련 없이 버리고 새로운 생각을 받아들여보라. 평범한 의식 수준을 바꾸기로 했다면 어떤 소원이든 이루어질 수 있다는 깨달음을 느낄 수 있다. 평범한 생각이 '비범함'으로 가는 것이다.

비범함은 평범함의 대부분을 포함하고 삶의 향상을 위해 자아 개념을 바꾸어놓는다. 새로운 진실을 받아들이고 오래된 관점을 버려라. 우울함이나 슬픔을 느낄 때마다 억누르거나 바꾸려 하지 않고 다른 좋은 생각이 선택될 때까지 단호하게 계속하라고 말한다.

03

내 안의 창조적인
감정을 발견하라

시작은 생각이 하지만
그 생각이 현실을 창조한다.

성경은 시작부터 하나님이 감정을 여과 없이 그대로 드러냈다고 기록한다.

"태초에 하나님이 천지를 창조하시니라. 땅이 혼돈하고 공허하며 흑암이 깊음 위에 있고 하나님의 신은 수면에 운행하시니라. 하나님이 가라사대 빛이 있으라 하시매 빛이 있었고 그 빛이 하나님의 보시기에 좋았더라." (창1 : 1-4)

첫째 날 빛을 창조하시고 좋아하셨다고 한다.

상위 자아의 정체성이 나타나는 성향을 찾아라

창조는 무에서 유를 만들어낸다. 또 무질서에서 질서를 잡아가는 과정이다. 감정은 하나님이 인간에게 주신 선물이다. 그분은 인간에게 다른 피조물과 달리 지성과 감정과 의지를 갖게 하셨다. 감정 대신 지성과 의지에만 의존한다면 더 합리적인 사람이 되지 않았을까?

우리는 살면서 종종 '나는 누구인가'를 생각한다. 태어나 지금까지 살면서 많은 변화를 거쳐 왔다. 하지만 한창 풋풋했던 젊은 이십대는 절대로 돌아오지 않는다. 그렇지만 우리의 모든 것이 변해가는 중에도 자신에게 변하지 않는 중요한 것을 안다. 나라는 존재의 외형은 변했지만 변하지 않은 상위 자아의 정체성이다.

육체는 끊임없이 변하고 사라진다. 반면 나라는 존재는 태어나서 살다가 죽음에도 변하지 않는다. 나라는 존재의 무형의 에너지 영혼은 변하지 않고 나와 함께 머무른다. 많은 생각을 이은 감정의 느낌을 보라. 생각과 느낌, 감정은 같은 것 같아도 다르다. 생각이 현실을 표현하는 능력이라면, 감정은 생리학적 생물학적 표현으로 느끼는 정신 상태를 나타낸다. 느낌은 대상이 어떤 것인지 상대에 대한 느낌이나 정서적 성향을 나타낸다.

감정은 생각이 주는 자극과 정보에 대한 뇌 작동의 일차적인 반응이다. 감정 조절을 잘하기 위해서는 무엇보다 뇌를 잘 알아야 한다. 감정, 생각, 의식, 마음은 인간의 정신 작용을 표현하는 단어다. 이 단어들은 비슷하지만 쓰임새가 다르다. 뇌 과학에서 말하는 '감정'은 대뇌변연계에서 일어나는 반응이고, '생각'과 '의식'은 대뇌 피질의 작용이며, '마음'은 총체적인 정신작용이라고 '정신의학'에서 말한다.

의식적인 창조를 하려면 생각과 감정, 선택해야 할 행동에 대하여 잘 알아야 한다. 회사는 전 지점에게 1년 중 매분기 전월에 다가오는 분기의 판촉 전략을 요구한다. 달성에 따른 인센티브를 작성하여 품의서를 제출하라고 했다. 창조적이지 못하고 도전적이지 못한 생각을 알 수 있었다. 회사의 정책과 방향을 안다면 당연히 즐거운 찬스로 즐거움이 된다. 자신의 사업장이라면 누구보다 적극적으로 나서지 않을까 하는 생각을 자아내기도 했다.

마지못해 제출하는 품의서에 다부진 생각과 창조적인 감정이 없는 것을 단번에 알 수 있다. 내심 욕심은 나지만 내 안에 의식이 없으니 표현이 명확하지 않은 형식적인 품의서다. 이 책을 읽는 저자들이라면 어떻게 생각할까? 해야겠다는 생각과 실천하려는 행동의 의지가 없다면? 그런 보고서를 쓰기 위해 조직에 재직해야 하는지 생각해보아야 한다.

판촉을 하는 이유의 궁극적인 목표는 매출이지만, 무엇보다 소중히 알아야 할 것이 있다. 그들이 하수의 인격이라면 제품을 팔려고 한다. 정말 제대로 된 고수는 자신의 창조적 감정으로 상대를 배려한다. 어떤 일에든 마찬가지라고 이 생각은 지금도 변함없는 마음이다.

생각과 감정, 행동 이 세 가지는 따로 떨어져 있는 것 같지만 그렇지 않다. 이들은 트라이앵글과 같이 서로가 서로를 돕고 있다. 결론적으로 시작은 생각이 하지만 그 생각이 현실을 창조한다. 맞는 말이다. 생각 자체는 미약한 창조 에너지이지만, 행동으로 표출될 때 제대로 된 창조가 이루어진다. 그런 만큼 창조의 생각이 크다면 행동하는 감정은 더 큰 세력이 된다.

생각이 긍정적이라면 긍정적인 감정을 느끼지만, 부정적인 생각은 부정적인 감정을 느낀다. 상대가 표현하는 감정은 곧 그 사람의 생각을 아는 것이다. 내 안에 창조적인 의식하는 감정이 아니라면 마냥 하던 습관화된 감정의 흐름으로 표현한다. 반면 내 안에 잠든 창조적인 에너지 감정을 발견하려면 무엇보다 행동해야 한다.

현실이 아무리 어려워도 누구나 꿈꾸는 삶을 살고 싶다는 욕망은 있다. 세계적인 성공한 자들이 처음부터 승승장구하지 않음을 이미 알고 있다. 결코 잊을 수 없는 아픔과 실패에도 현실을 두려워하지 않는 자신의 삶에 초점을 맞추고 있다. 삶의 현장에서 우리와 똑같이 걱정하고 생존 자체를 우려하기도 한다. 사는 것이 두렵고 외로울 때가 없지 않다.

피아노가 제대로 음정을 내려면 조율이 필요하듯, 내 안에 감춰진 창조적인 감정을 발견하려면 생각해야 한다. 간절히 원하는 것을 성취하려면 의식적으로 원하는 것에 초점을 맞추어야 한다. 사소한 감정에 휘둘리거나 다소 취미처럼 한다면 이루어질까 의문이다. 나쁜 감정으로부터 자신을 지키며 창조되는 나만의 능력에 집중해야 한다.

내 안에 불꽃은 창조적인 기쁨이 된다!

개인만이 아닌 조직에는 더욱더 창조적인 감정 발견이 필요하다. 그러기 위해서는 먼저 개인의 삶을 움직이는 불꽃같은 열정이 아주 중요하다. 어느 날은 아주 기분 좋게 잘하다가 어느 날 기분이 불편하여 형편없다면 단연코 할 수 없다. 창조의 열정은 창조적 에너지를 담고 있다. 인사건, 급여건, 시장조사건 건의들을 열심히 건의하라 했다. 엄격한 규칙보다 열정적인 조직이 되기를 바라는 회사는 늘 그들이 깨어 있기를 원했다.

외부로부터 욕구가 채워지기를 기다리는 대신, 그들의 의지와 생각, 자아를 알고 풍요로워지기를 바랐다. 비록 대기업에 비하여 창업 역사나 자본력은 작은 회사이지만 정신만큼은 뒤져서는 안 된다고 생각했다. 달리는 말에게 당근을 물리고, 스스로 꼬리에 불을 붙이는 열정의식은 개인과 조직의 창조적인 에너지 감정을 발견하는 축제가 된다.

보고 싶고 아까운 인재들이 뿔뿔이 흩어진 결과는 작은 부정적 의식에서 시작되었다. 그들의 아주 큰 이유는 사소한 것에 목숨을 거는 것에서 출발했다. 바로 실패하는 인생과 조직의 대표적인 일이다. 성공은 특별한 재능을 가진 자만이 하는 것이 아니라는 것을 그때 나는 분명히 느꼈다. 실패한 이들은 미래보다 당장 자신들 눈앞 이익을 먼저 생각한다.

내 안에 잠들어 있는 창조적인 감정은 어떤 감정일까? 어떤 이는 그러한 의식조차 하지 않고 많은 날 힘들지만 숙명처럼 참고 견디며 산다. 내 부모님도 주변도 모두 다 그렇게 살았다. 깊이 생각해보지 않는 이가 대다수다.

창조주는 인간에게 생각하고 기쁨을 느끼는 좋은 감정을 주셨다. 사는 동안 본능처럼 잘 먹고 좋은 것만 누리라고 하지 않으셨다. 동물과 다른 생각하고 의로운 것으로 서로를 사랑하고 배려하며 사는 것을 기뻐하신다. 창조적인 감정이 성경에는 여지없이 나타나 있다. 지성과 감정의 의지는 배불리 먹고 좋은 것만 취한다고 채워지는 것이 아니다. 무엇보다 자신을 알고 부족한 부분을 깨닫고 겸허히 나가는 과정에서 창조적인 감정은 발생된다.

하지만 살면서 누구나 고통을 느낀다. 그 고통의 중심에서 인생의 가장 중요한 교훈을 아는 것이 유익하다. 어떤 상반된 길을 걸어왔어도 동기 부여가 되는 것은 고통이 주는 부정보다 깨닫는 교훈의 감정이다. 그런 과정에서 창조적인 감정은 발생하게 된다. 어떻게 하면 즐거움을 얻게 되며, 고통을 받는지 경험을 통해 안다. 그들은 자신에게 좋은 긍정의 감정으로 창조적인 감정을 발견하려고 의식적인 노력을 한다.

창조적인 의식적 감정은 자신만이 아는 목적을 아는 즐거움이 있다. 그러기에 어떤 힘든 역경의 고통보다 내면의 자아가 추구하는 즐거움을 알기에 기꺼이 웃으며 나아간다. 즉 새로운 인생을 창조하는 감정의 힘이다. 그 창조의 감정을 갖기 위해 계속해서 우리를 좌우하는 것은 무엇일까? 고통과 즐거움이다. 나 자신을 알고 나답게 단호하게 고통에 대응하는 것이다. 성취하는 창조적인 감정은 그 다음이다.

내 안에 창조적인 감정을 발견하려면 무엇보다 자신을 알려고 하라.

어떤 특성과 자신이 있는지, 또한 어떤 생각과 감정 의식을 지향하는 소유자인지 알라. 열정적이고 창조적인 자아 개념을 인식하고 키워나가겠다는 자발적인 의지로 나아가며 찾으라.

창조적인 에너지를 끌어내기 위해 나 자신의 존재 안에서 의식적인 열정이 타오르는 장면을 실제 보는 것을 시각화해보라. 내면의 기쁨이 주는 감정에 귀 기울여보라.

부정적인 마음이 주는 감정에서 스스로 자신을 지키라. 보다 명확한 긍정의 감정은 창조적인 감정의 발견이 된다. 잊지 말아야 할 요점은 내 안에 전지전능함이 있다는 것을 신뢰하라. 강력하게 행동하되 끝까지 주목하라. 내 안에 창조적인 감정을 발견하는 것은 기쁨이다.

나쁜 감정 해결 능력은
나에게 있다

어떤 일을 해결하겠다는 의지의 감정은
초인적인 힘을 만든다.

콤플렉스를 벗어나라

감정의 해결사는 누구나 될 수 있을까? 자기감정을 마음대로 조절할
수 있는 능력을 가질 수 있다면 살아가면서 그로 인한 고통은 없을 것 같
다. 나쁜 감정으로 인한 상처도 없기에 우울하거나 불안하지 않아 좋을
것이다. 어디나 어느 자리에서도 당당하고 거리낌 없이 자신의 감정을
표현하지 않을까? 무슨 일에든 기분 나쁜 감정을 잘 해결한다면 우리의
일상은 행복할 것이다. 사회, 조직, 단체, 가정에서 누구나 환영하지 않

을까? 원만한 인간관계로 유능함을 인정받는다. 주변에 이러한 소유자가 있을까 생각해본다. 의외로 자신의 나쁜 감정에 휘둘리는 이들은 있다. 특히 외향적이지 않은, 내향적인 성향의 사람은 잘 표현을 하지 않는다. 그들의 감정은 알 수 없다. 사람들은 누구나 '나는 어떤 감정 성향의 사람일까?' 생각한다.

가끔씩 무의식적으로 자신의 감정을 표현하고 나도 모르게 옹졸했다고 느끼는 때가 있다. 아무렇게나 말했던 느낌을 곰곰이 생각해본다. '내가 왜 그런 말을 했지?' 하는 의문을 느낀다. 깊이 생각하지 않고 말한 자신을 탓해보지만, 이미 상대가 상처를 받았다면 난감하다. 심각해지면 상황을 발생시킨 나의 감정에 문제가 많은 것 같아 우울하고 또다시 발생할까 봐 불안해지기도 한다.

누구나 한 번쯤은 이 같은 경험이 있지 않을까? 그런 경험을 자주 한다면 더욱 대인 관계가 불편하여 회피하게 된다. 직장에서 동료들과 퇴근 후 어울리기도 싫다. 자신만의 공간으로 직행하여 낮에 일어난 일들 중에 또 실수한 것이 없을까 하는 조바심도 낸다. 계속되는 우울함, 불안감을 제어하지 못한다면 어떻게 될까?

이미 지나가고 진행된 일에도 안심하지 못하고 불안해하는 일은 많다.

그렇지만 아무렇지도 않고 태평스런 사람이 있다면 그렇지 못한 이도 있다. 내가 모시던 모 그룹 제일 높은 분의 일이다. 그분은 조직의 모든 일을 하나하나 챙기고 간섭하여 그룹 자회사 수장들이 불편해 했다. "○○님은 머리 위만 챙기시지, 모든 것 다 챙기면 우린 뭡니까?" 하던 직속 부하 직원의 말이 생각난다.

'어쩌면 그럴 수 있겠다'는 이해심도 들었다. 나 또한 그분 한 분만 신경 쓰면 되는 직원 중 한 사람이었다. 처음 입사 전 면접에서 나 자신이 생각하는 바를 숨김없이 솔직하게 말했고 입사할 수 있었다. 워낙 모시기 힘든 분이라 너무 당당하게 말하는 나를 택했을까? 입사하며 내가 알고 싶은 그분에 대한 몇 가지 질문 외 나의 직무에만 신경 썼다. 결론적으로 6년여를 모시고 퇴사할 때까지 한 번도 그분에게 추궁이나 질책을 들어본 적이 없다.

내 사업을 하겠노라며 퇴사했지만, 몇 년 후 우연히 내 사업장으로 아이 돌잔치 예약 온 옛 동료는 나를 보고 깜짝 놀랐다. 그 옛 동료의 말은 그분이 내가 하던 업무의 후임자 불평으로 너무나 힘들었다고 한다. 나는 잠시 그 당시 입사 면접 감정을 나도 모르게 떠올렸다. 한 사람의 실력과 자질도 중요하지만 무엇보다 생각했던 것이 있다. 까다롭다고 소문난 그분의 비위를 맞추겠다는 생각은 전혀 하지 않았던 감정이다.

나쁜 감정을 통해 소통을 시도하라

어떤 일을 해결하겠다는 의지의 감정은 초인적인 힘을 만든다. 그분을 모실 당시 무엇을 어떻게 원하는지를 생각했을 뿐이다. 그러려면 나의 감정을 그분에게 맞추기보다 어떻게 리드 할 것인가에 초점을 맞췄다. 무엇보다 그 분야에는 내가 전문가라는 자부심과 나 자신을 믿었다. 그리고 어렵겠다고 생각해본 적은 한 번도 없다. 지극히 상식적인 생각이 주는 느낌으로 그분의 입장이 되어 실행했을 뿐이다.

나 역시 처음 느낌은 부정적이었다. 그렇다고 감정까지 부정적이지 않았다. 다만 그 전에 입사했던 선임자들이 퇴사하게 된 동기가 모두 누구 때문만은 아닐 것이다. '어렵다', '까다롭다', '그래서 힘들다'라고만 생각한다면 해결될 수 있겠는가? '아! 그럴 수 있겠다', '그렇지만 내가 어떻게 받아들일까?'가 중요하다.

내가 느끼는 나쁜 감정은 누구나 어디서나 일상에서 느낄 수 있다. 폐쇄적이 되어 일반적인 인간관계에 문제를 일으킬 정도라면 당연히 전문의의 도움을 받아야 한다. 무엇보다 자신의 감정을 아는 것이 관건이다. 그러려면 어떤 상황에도 흔들리지 않는 자아의 존재감이 중요하다. 자존감과 자존심은 엄연히 다르다.

조직에서 자신의 분야에서 경쟁하는 자존심은 지극히 도전적이고 자신을 드러내는 감정이다. 그 자존심이 지나친 나머지 자만심이 되면 개인이나 조직에 상처를 준다. 반면 자존감은 스스로 품위를 지키고 자기를 존중하는 마음이다. 어느 위치나 자리에서도 당당하다. '나는 누구인가?'에 명확히 알고 답할 수 있는 것은 자아존중감이 주는 감정이다.

친한 친구 M이 힘없는 목소리로 전화가 왔다. 내가 쓴 두 번째 책이 출간된 것에 대하여 진심 어린 축하를 한다. 참 진솔한 몇 년 된 친구다. 오래전 미성숙한 남매를 두고 먼저 간 남편이 원망스럽지만, 그보다 남편에 대한 애틋한 마음이 먼저인 그녀다. 어려운 삶에서 기죽지 않고 늘 열심히 살며 상대에게 따뜻한 마음을 베푸는 그녀의 모습이 나는 좋았다.

통화가 길어지며 "난 3개월의 행복했던 시간이 끝난 것 같아." 한다. 결혼해 독립한 아들이 잘 알지도 못하는 주식을 과도하게 투자하여 몽땅 날렸단다. 아들은 부인도 모르게 한 행동을 엄마에게만 말했다. "내가 자식에게 경제 교육을 잘못 가르쳤어." 한탄한다. 아들을 나무라지도 못하고 죄인처럼 며느리를 바라보아야 하는 불안한 감정을 호소한다.

나 역시 독립한 자녀를 둔 입장에서 친구의 속상한 마음은 말할 수 없이 아팠다. 나는 친구를 달래려는 위선된 마음이 허락되지 않았다. 속상한 건 알겠지만 그것은 아들의 일이니 너무 마음 아파하는 것은 좋은 생각이 아니라 했다. 가령 해결해줄 수 있는 능력에 앞서 자신의 일은 자신이 책임지게 하는 것이 좋다고 했다. 아파보아야 해결의 의지와 능력이 아들의 삶에 좋은 토양이 되는 자존감이 되는 일이라고 친구 M에게 말한다.

살면서 나타나는 나의 나쁜 감정을 어떻게 할 것인가? 인간은 자신의 입지가 불리하면 본능적인 방어 감정이 있다. 예컨대 윤리적인 옳고 그름보다 우선 부정적 감정을 숨기고 위기에서 탈출하려 한다. 자기감정을 감추고 위장하여 상대에게 맞추려 든다. 위선된 감정으로 때로는 당사자보다 더 그의 입장을 대변하려 들기도 한다.

나쁜 감정을 해결하면 상상하지 못한 자신감이 생긴다

불안함은 나쁜 감정이다. 극복하지 못한 불안한 마음을 그대로 노출하는 분노는 피해를 낳고 또 다른 상처를 만든다. 이제 더 이상 나쁜 감정 해결을 미루거나 필요성을 간과해선 안 된다. 이미 나쁜 감정은 내 안에서 부정적인 감정으로 바뀌었기 때문이다. 그렇잖아도 현실의 삶은 팍팍하고 힘든 세상이다. 더 이상 고민하지 않으면 인생은 크게 달라지지 않는다. 그저 남들이 사는 그렇고 그런 내가 되는 삶이다.

그동안 나는 25년 이상 사업을 하면서 느낀 감정으로 글을 쓴다. 감정이 내게 주는 의미를 안다. 실패로 끝났다고 하는 남들 이목보다 더 어려운 것이 있다. 바로 나의 내면이다. 두문불출하던 나는 생각한다. 남들이 나를 어떻게 생각할까? 수치스러웠다. 낮아지는 자존감과 나쁜 의식 감정이었다. 내면의 콤플렉스를 억지로 벗어나려고 발버둥 쳐봤지만 아니라는 것을 알았다.

지난 많은 시간 함부로 허튼 시간 낭비하지 않았던 숱한 성공과 실패의 경험이 있다. 누구보다 성실하려는 자세는 나의 좋은 무기다. 나는 내 안에 숨겨진 내면의 열정이 주는 감정을 끄집어냈다. 좋았던 감정들보다 나빴던 나쁜 감정이다. 행동으로 옮기니 뭔가 후련한 느낌이다. 한편으로는 매일 만 보 이상 걸으려 했다. 맑은 햇살이 주는 감동이 내면을 채우고 새로운 희망이 채워졌다. 이제는 내게 주었던 나쁜 감정이 새로운 삶을 향한 무기가 됐다.

내게 주는 나쁜 감정을 해결할 능력은 결국 나에게 있다. 그 감정을 끌어안고 살 수 없다. 나쁜 영향력은 나에게 계속해서 괴로움만 줄 뿐이다. 불안했던 나쁜 감정을 단호하게 벗어나 새로운 도전을 향하는 무기로 삼아보라. 우울했던 마음과 아픔이 더 좋은 방패가 되고 공격하는 무기가 된다. 나는 바라보는 방향을 조금만 바꾸었을 뿐이다.

나쁜 감정이 주던 불안하고 부정적이었던 감정 해결 능력이 되었다. 그로 인한 꿈과 희망은 더 좋은 삶을 향한 토양이다. 지금까지 느꼈던 나쁜 감정을, 미래에 강점을 만드는 소중한 순간으로 만들어보라. 상상하지 못했던 자신감이 살아난다.

05

결국 나
자신밖에 없다

감정은 많은 과정의 생각을
고심한 행동하기 전 각오의 표현이다.

나 자신을 지키지 못하면 감정의 노예가 된다

힘도 젊음도 없는 70을 바라보는 나이다. 나 자신을 나답게 사는 것이 참 어렵다. 젊을 때는 그저 최선을 다해 열심히 살면 잘사는 것이라고 생각하며 살았다. 빈손으로 시작한 사업을 3년 동안 죽도록 고생하여 오래된 상가 건물을 구입했다. 마음은 벌써 깔끔하게 수리된 상점에서 장사하는 상상을 한다. 집수리하는 과정에서 옆집의 끝없는 태클로 많은 고생을 하고 결국 마지막에 손해 보고 손을 들었다.

말할 수 없는 분노와 실의감에 젖어 있는 나를 보고 친정아버지께서 말씀하셨다.

"젊어서 고생은 사서도 한단다. 너무 마음 아파하지 마라."라고 전화하신다. 대체 무엇이 문제인지 모르고 너무 속상하고 화가 나서 어떻게든 그 옆집에 복수하고 싶었다. 나이 어려 아무것도 모른다고 함부로 했던 그들이다. 열심히만 하면 반드시 그에 따른 성공으로 보상 받는 것이라는 생각이었다. 그것이 나의 실수였다. 남들도 다 나와 같은 생각일 것이라고 믿었다.

'당신은 지금 자신을 잘 지키고 있는가? 나중이 아니고 지금 그런가?' 나는 그 일이 있고 난 후 한 가지 각오한 일이 있다. 반드시 집수리 할 때는 이웃을 알아보고 할 것이라고. 이미 고인이 되신 친정아버지의 말씀은 그동안 힘들 때마다 나의 힘이 되었다. 지난 세월 동안 많은 갈등을 하였고 그때마다 아픈 마음은 어쩔 수 없는 상처가 됐다.

남들이 아무렇게나 해도 그저 이해하고 참고 견디는 것이 미덕이라고 아직도 생각하는가?

사람들이 흔히 하는 '결국 믿을 건 나밖에 없다.'는 이 말은 행동과 노력을 일깨운다. 감정은 많은 과정의 생각을 고심한 행동하기 전 각오의 표현이다. 나의 감정을 지킬 이는 나 자신밖에 없다고 생각하는 것은 이 기적이 아니다. 그만큼 생각하기 때문이다. 이처럼 자기감정이 중요한 이유는 연이어 표현이나 행동이 따르기 때문이다.

생각하는 좋은 것도 실행해야 빛이 된다

생각을 했으면 자신을 믿고 행동해야 함에도 그 행동이 생각에 머물 때가 있다. 생각은 긍정적이나 감정이 부정적인 유형이다. 행여 잘못되면 어쩌나 하는 많은 생각 때문에 행동의 감정을 반등시키지 못하는 일은 허다하다.

전화를 해보고 싶은데 친구 J의 바쁜 상황을 몰라 못 하고, 전화해야지 하다 보면 깜박 놓친다. 그 J에게 강한 마음이 들어 꼭 해야겠다고 이른 아침 전화했다. "왜 그렇게 목소리가 힘이 없어?" 하니 "응, 나 지금 병원에 입원했어." 한다. 댓바람에 달려가니 비온 날 잘못하여 미끄러져 어깨 인대가 다 파열되었다. 이른 아침 내가 갔을 때 마침 중요한 영상 촬영인데 보호자가 없으니 수액 행거와 옷 갈아입힐 사람이 바로 내가 되었다. 영상 촬영하는 동안 나는 강렬히 전화해야겠다는 사명처럼 느낀 감정을 미루지 않길 잘했다는 생각을 했다. 간밤에 너무 아프고 놀라 입술이 갈라지고 해쓱한 J의 모습이다. 나는 그동안 J의 형편을 너무 많이 생각해 행동이 느려졌다. 차일피일 미뤘던 감정은 이성적인 판단이 아닌 감정이 주는 생각이 많아서였다.

제아무리 좋아 보이는 인생도 상대에게 좋아 보이고 싶거나, 좋은 사람 이미지에 억눌려 확신이 없는 나쁜 감정이 있다. 그렇다면 그 상대 감정에 들러리로 살게 된다.

자신 없는 나쁜 부정적인 감정의 대표적인 예를 들어보자. 생각이 꼬리에 꼬리를 문다. 아직 일어나지도 않은 걱정을 하며 불안해한다. '내가 하는 말을 저 상대는 어떻게 생각할까?', '건강검진 결과 잘못되면 어떡하지?' 하며 차일피일 생각하며 불안해하는 자신 없는 감정과 같다. 긍정의 생각을 하면 좋으련만 부럽기만 하다. 물론 불안이 전혀 없다고 좋을 수만 없다. 불안이 없으면 매사 깊게 생각하지 않는 성향으로 좋지 않은 신뢰를 낳기도 한다.

반면 작은 일에도 실수하면 상처받고 우울해지고 곧바로 자신을 컨트롤하지 못하는 심리도 있다. 세상에 실수를 좋아할 사람은 없지만, 나쁜 인지 습관이다. 완벽한 사람은 없고 실수할 수 있다고 생각해야 한다.

비교하는 심리를 보라. 행복해 보이거나 우월한 상대를 보면 괜찮은 척하지만 자신과 비교하여 비참한 기분에 사로잡힌다. 누구나 약간의 시기심과 질투심은 있다.

그렇지만 누구나 똑같지 않다. 전혀 모르는 타인은 상관 않지만 가까운 이에게 잘 느끼는 자연스러운 감정이다. 단순한 시샘이 아닌 괴로움이라면, 자신이 잘하는 장점을 강점으로 자신감을 되찾아야 한다.

무엇보다 자신의 삶에 만족도를 높이는 것은 중요하다.

자신을 지키지 못하는 증상을 보자.

1. 불안하다.
2. 우울하다.
3. 시기심과 질투심을 잘 느낀다.
4. 사소한 일에 욱한다.
5. 내 마음을 표현하기 전 상대의 눈치를 잘 본다.
6. 소심하며 원만한 인간관계가 잘 안 된다.
7. 괜찮은 척하며 억지로 감정을 참으려 한다.
8. 누구에게나 좋은 사람이라는 인상을 주고 싶다.

좋은 잠재의식을 움직여라

심리학자 웨인다이어(Wayne W. Dyer)의 『확신의 힘』에서 네빌 고다
드는 이렇게 말한다. "생각은 느낌을 통해 잠재의식에서 각인된다. 어떤
생각이라도 그것에 대한 느낌이 없다면 잠재의식에 각인될 수 없다. 하
지만, 좋은 느낌이든, 나쁜 느낌이든, 좋지도 나쁘지도 않는 느낌이든 일
단 느낌이 수반된다면 그 생각은 반드시 세상에 나타난다. 느낌은 생각
이 잠재의식까지 전달되는 유일한 매개체다."

자신이 없어 지나치게 타인의 감정에 눈치 본 나머지 자기 자신을 나
타낼 기회를 잃어버린 후, 자신을 탓하는 사람을 보자. 상대가 자신을 어
떻게 생각할지 신경 쓰인다. 돌아서서 그 시선의 느낌에서 자유로워지고
싶은 것은 당연하다. 하지만 상대에게 눈치 보는 것이 나쁜 것은 아니지
않는가. 지나치지 않다면, 오히려 상대를 배려하는 마음이라면 좋은 느
낌으로 생각될 수 있다.

소심하여 대인 관계에 소통능력이 부족한 사람을 보자. 상대에게 원만
한 인상을 주고 싶지만 자칫 나쁜 인상을 줄까 봐 불안감을 느낀다. 정작
자신의 생각을 솔직하게 표현하지 못한다. 부정적인 감정으로 미리 걱정
하는 것은 소심함이다. 장점으로 본다면 상대에게 오히려 세심한 마음을

가진 것이다. 겸손하고 예의 바른 인상으로 신중하게 보일 것이 아닌가.

좋은 사람이라는 평가에 얽매여 인정받기 위해 노력하는 것은 나쁘지 않다. 직장에서나 가정에서 좋은 사람으로 인정받고 싶어서 최선을 다하는 역할은 훌륭한 일이다. 개인과 사회 성장에 기여할 수 있고 유능한 인재도 있다. 그 마음 비중이 너무 지나치다면 삶이 힘들고 무리가 된다. 주위의 평가에 지나치게 신경 쓰는 인정욕구가 강한 대표적인 사람이다. 자신의 삶에 원동력은 되지만 인정받고자 하는 마음이 지나치면 진정한 자아를 잃게 된다.

이처럼 어떤 생각이 주는 느낌은 잠재의식 속에서 상황에 따라 말과 행동으로 나타난다. 놀랍게도 각인된 잠재의식은 그 느낌이 진정한 자신이 원하는 진실이라면, 항상 받아들이는 특징이 있다. 그렇다면 우리는 진정한 자아를 찾아 자신을 인정하는 일이 무엇보다 자신을 지키는 일이 된다.

우울하고 불안한 마음이 아닌 좋은 기분과 사랑으로 먼저 나 자신이 행복해야 한다. 좋은 것과 내가 하나가 되어 인정하니 참 좋은 자아다. 좋은 기분을 느끼려면 최상의 기분을 느끼겠다는 선택을 시작해보라. 그 선택이 주는 생각과 느낌에서 행복한 감정은 나 자신을 사랑하게 된다.

반복적으로 의도하여 행복한 자아의 현실로 만드는 데 전념하라. 골칫거리, 세상의 어려움, 나쁜 생각은 자꾸 생각하지 마라.

상상하는 자신만의 생각에게 사랑의 감정을 느껴보라. 그러면 당신의 잠재의식은 활성화된다. 세상에서 상상하지 못하는 기적도 있다. 느낌의 인상을 받는 순간 현실로 드러낼 방법을 찾는 것도 결국 나 자신밖에 없다.

06

착한 나는 그만!
미움 받아도 괜찮다

우리에게는 자신에게 용기를 주는
나다운 결정이 필요하다.

미움 받는 것이 착함보다 훨씬 낫다?

미움 받으면서 인간관계가 잘될까? 성숙한 성인이 착하다는 말을 듣는 것은 어울리는 것인가? 착함은 선함과 동일할 것 같지만 뭔가 다르다. 착함을 넘어 도덕적 기준에 맞추는 선함은 사회에서 좋은 기준이 된다. 나쁜 문제에서 생각을 표현하고 행동하는 감정이 자유로운 착한 영혼이 될 수 있을까? 그렇지 않다는 것은 삶이 주는 특별한 혜택이 편견 되게 주어지지 않는 것과 동일하다. 누구나 살면서 겪는 일들을 착하다고 피할 수 없다.

착하게만 사는 것을 이 사회에는 바보 같은 짓이라 생각한다. 그렇다면 뻔뻔함의 착함은 어떤 기준이 될까? 뻔뻔하다는 표현은 다소 부정적인 의미가 있다. '그녀의 뻔뻔함에 놀랐다.'의 의미도 있지만, 부끄러운 줄 모르고 유들유들한 뻔뻔한 성격을 표현할 때도 있다. 세상은 그런 사람들이 오히려 원만한 성격이라고 생각하기도 한다. 당당한데 미움 받지 않는 사람들, 그들은 공통적으로 강한 자존감의 소유자다. 사회는 그들을 미워하지 않는다. 착하지 않아 이기적인 사람이라고 미움을 받는다면, 착한 사람이 더 호감 받는 사람이어야 하지 않을까?

그녀는 참 뻔뻔하다. 어릴 때 말과 행동이 바르고 마음 착하게 살아야 한다고 엄하신 부모님은 교육했다. '사대부 양반은 당연 그래야 한다'고. 그런 탓인지 부끄러움이 있었고 처음부터 누구나 친해지지 못했다. 나는 사회에 나오면서 그 개념을 함부로 벗어날 수 없었다. 그럼에도 대범한 척하는 자존심은 있어 웬만해선 티를 내지 않으려 했다. 그러니 자연히 자신에게 엄격해지는 흑백논리 주의자처럼 굴었다.

스스럼없는 친구는 없어지고 두렵고 엄격한 사람으로 남게 되었다. 나의 젊은 날 자화상이다. 착하게 살아야 복을 받는다는 맹신주의처럼 당연히 그렇게 살 줄만 알았다. 몇 번의 배신과 실패는 그 교육이 잘못됨을 일깨워주었다. 도덕적 기준에 맞는 착함과 선함이 실종되는 아픔은 나에게 자아의 성숙이 되었던 과정이다.

무례함이 함부로 되는 경우 마음의 내면은 터질 것 같지만, 마냥 착함만으로 되는 것이 아니다. 정당한 뻔뻔함이 필요하다는 것을 느꼈다. 옛날 같으면 눈물부터 나고 내가 무슨 말을 하는지 몰라, 내 머리 속은 하얗고 정리되지 못한 감정은 이미 화산처럼 올라왔을 것이다. 내 마음을 다스리는 일은 쉽지 않았다. 원인의 원인을 찾는 꼬리를 이은 생각은 나를 괴롭히기만 했다.

단호함으로 결단하는 의지를 갖자

세상은 착하기만 하다고 누가 알아주지 않는다. 오히려 그 점을 나쁘게 이용하는 부류는 얼마든지 있다. 그들은 자신을 유리하게 하려는 이면적인 천사의 가면을 쓴 채 삶의 현장에서 가장 합리적이고 대단한 능력자처럼 행동하기도 한다. 법원 재판장에 가보자. 제각기 정당하다고 내세우는 대리인의 뒤에서 천사표 가면이 벗겨질 때까지 서로 공방하는 것을 본다. 삶에서 자신을 제대로 지키며 당당하게 산다는 것이 무너진 것 같은 기분이 든다.

억울함을 당하면 어떻게 하소연할 수 없는 감정은 자신을 탓하기도 한다. 사회를 적대시하는 부정적 나쁜 감정의 인성이 되기도 한다. 상대를 원망하며 세상을 탓하는 근본적인 부정적 나쁜 감정도 있지만, 후천적 부정적 감정이 되기도 한다. 사회에서 외톨이가 되는 과정은 여러 길이다. 부정적인 나쁜 감정은 한 사람의 인생을 망치기도 하지만, 주변을 고통과 위험으로 내몰아간다.

모든 것이 원망스럽고 자신만 고통 받는 것 같은 위축감은 더욱 어둠의 내면으로 갈 수 있다. 현시대에 이 감정이 하나둘이 아니다. 남들은 잘 보려 들지 않는 자신의 내면을 들여다보며 아파한다. 요즘처럼 암울한 시기에 더욱 예민해지는 감정은 어쩔 수 없기도 하다.

이미 많은 영세기업들은 도산했다. 내가 아는 지인 S 씨는 오늘도 현실이 주는 암울한 감정에 있다. 출렁다리 위에서 춤추는 아픔을 불과 몇 시간 전에 보았다. 깊은 고뇌의 마음을 뭐라고 말로 표현하기에 적합하지 않은 감정이다. 지난 3년 고생스러웠던 시간을 보상받으려는 찰나 오늘의 비상 바이러스 현실이 되었다. 하루에도 수백 번의 생각이 주는 감정에서 출렁이는 마음을 애써 가라앉히려 한다.

어린 두 자녀와 가족들 앞에 내뱉을 수없는 현실을 향후 어떻게 헤쳐 나갈지 고민되는 우울한 현실이다. 그토록 성실했던 결과는 어디로 가고 증발된 결과의 보이지 않는 미래는 불안하다. 사업장을 완전 변모시키거나 아주 철수하는 방법 등 생각은 이루 말할 수 없다. 그간 노력의 시간, 물질적 보상을 받지 못하는 현실이 원망스럽기만 하다.

곁에서 보기 안타까운 그는 결단해야 하는 마지막 기로에 섰다. 하지만, 자신의 존재감을 잃지 않으려 애쓰는 모습이다. 결국 나는 세상을 다 산 늙은이같이 "그래도 사장님은 젊으니까 금방 다시 일어설 수 있어요." 라고 한다. 너무 상심 말라고 하는 그에게 그래도 내심 감사했다. 어떤 감정에도 휘둘리지 않으려는 의연한 모습의 결단을 보고 왔다.

미움 받아도 괜찮은 각오

세상은 이처럼 다변화한다. 한 치의 앞도 잘 알 수 없는 현실 앞에 인간의 무능함이 그대로 드러나는 수치심 같다. 누구의 실수도 탓할 수 없는 일에 이처럼 온 사회가 들끓는 일이다. 자신만의 감정에 이러지도 저러지도 못하는 마음도 있다. 감정에서도 마찬가지다. 별것 아니었던 오해의 감정이 불씨가 되어 자신의 마음을 알아주지 못하고 편견 속에 있다면 어떨까? 타인의 인식이 주는 눈총의 느낌도 있다. 이런 일을 겪어본 사람은 안다. 아니라고 해도 이해하지 못하는 정당한 당신은 어떻게 해야 될까?

참고 견디는 것이 착한 미덕이라 생각하는가? 개인의 힘으로 할 수 없는 일은 법규가 있고 지킬 수 있는 권한은 있다. 나 자신의 생각이 주는 감정이 옳다면 마냥 참고 억누른다고 해결될 수 있을까를 생각해보라. 상대도 '당신은 참 착한 사람이야.'라고 할까? 사람에게는 누구나에게 주어진 자신만의 감정을 표현할 수 있는 권리가 있다. 어린 아이들에게는 잘못한 일도 용기를 북돋워주기 위해 '괜찮아!'라는 말을 잘한다.

어른에게 그러면 안 될까? 왜 어른은 모든 것을 책임져야만 하나? 실수해도 감정의 짐을 좀 덜 지고 싶다. 만만치 않은 현실은 잘되면 모두 성공이라 한다. 물론 물질적 성공도 있다. 반면 성숙한 착한 어른이 내린 어떤 결단을 왜 뻔뻔하다고 미워할까? 그렇게 말하는 것은 확실한 자아가 성립되지 않은 표현이다. 물질을 이루는 것이 성공이라고 한다면, 성숙한 존재가 결단하는 뻔뻔함은 비교할 수 없는 자아의 가치다.

우리는 자신에게 용기를 주는 나다운 결정이 필요하다. '나'의 가치를 존중하고 사랑해야 한다. 그러한 존중이 이루어질 때 타인과의 관계가 원만하고 삶을 살아가는 사회 구성원으로 자신을 지킨다. 어떻게 할 수 있을까? 무엇보다 당장 자신이 지닌 잘할 수 있는 것이 중요하다. 내가 할 수 있는 것과 할 수 없는 것을 구별하라. 먼저 남에게 인정받지 않아도 괜찮다는 각오의 단호함을 가져야 한다.

상대에게 칭찬 받고 인정받고 싶어 자신의 감정을 위협하는 선택은 결국 돌아오는 화살이 된다. 결코 타인의 삶이 주는 나쁜 감정은 나의 삶이 되지 못하는 것은 자명한 사실이다. 이 세상은 혼자가 아니다. 나의 성향을 좋아해줄 수 있는 사람은 얼마든지 있다. 착한 사람만이 잘산다는 옛 동화 같은 지식보다 현명한 지혜와 진실의 감동을 좋아해줄 이웃과 친구는 있다. 그것은 뻔뻔함이 아니고 미움이 아니다.

남들에게 인정받고 칭찬받는다고 다 좋을 수 없다. 나 자신은 없어지고 남들이 평가해주는 감정은 잠깐이다. 겸손하지 못하다고 당신 앞에 대놓고 말할 상대가 있다면, 그 또한 반대의 그런 사람이다. 단호하지 못하고 정립되지 않은 원하는 생각이 내뱉는 감정일 뿐이다. 자신을 내세우지 못하는 의존하는 감정은 아프기만 할 뿐 아픈 이유를 모른다. 즉 자신을 모르는 것이나 다름없다.

착한 나는 이제 그만하자. 미움 받아도 괜찮다. 당신의 착한 코스프레에 끼워져 언제까지 상대의 감정을 흉내 내는 표현보다 이제 나답게 하자. 자신의 단점을 보완하려고만 하지 말자. 어떤 고민에도 제일 잘하는 쉬운 방법을 택하라. '언젠가 하자', '다음에 하자'는 감정은 멀리하라. 잠시 의존이 될지 모르지만, 반복되면 당신의 자아는 상실된다.

'미움 받아도 괜찮아', '나는 나답게 당당하게 살아가는 것이야', '착한 나는 이제 그만!'이라고 단호하게 결정하라! 그 결정은 당신을 사랑하는 착함이 뻔뻔하지 않은 나다움을 나타내는 용기다. 즉, 당신의 가치를 사랑하고 존중하는 것이다.

07

자신을 사랑할 줄
아는 사람이 되어라

내 인생의 안타를 칠
사람은 나밖에 없다.

나는 나를 정말 사랑했을까?

나를 사랑해야 하는 것을 알고 있는가? 나를 아끼는 건 알겠지만 사랑하는 것이 어떻게 가능하지? '이웃을 사랑하라'는 하나님 말씀은 성경에 있다. 하지만 나를 사랑할 줄 아는 사람이 얼마나 될까? 당신은 당신 자신을 사랑할 줄 아는 사람인가? 그것이 어떤 건지 알지 못했고 주어지는 대로 사는 것이라고 대다수 생각한다. 사람은 살면서 행복해지고 싶다고 생각하지만, 정작 자신을 사랑한다는 것에 대해서는 고개를 까우뚱하는 삶을 산다.

 가정을 책임지기 위하여 매일 아침이면 일터로 나가고 학생은 학교로 각자 위치에서 하루를 시작하는 삶이다. 주어진 삶에 충실하고 책임과 의무를 다하면 잘 사는 것이라 생각하지 않을까? 부동산 가격이 오르고 사회는 빠르게 변화하는 중에 가진 것을 지키고 못 가진 것을 더 가지기 위해 일개미처럼 사는 일상이다. 직급이 높든 낮든 상관없는 팍팍한 우리네 삶의 현장이지 않을까. 자신을 사랑하는 마음의 여유를 갖지 못하는 현실이 주는 삶의 무게다.

 어느 날 본의 아닌 감정에 휩쓸리는 격동의 감정이 일어나면, 문득 허무한 생각에 '나는 뭐하는 사람일까?' 자조와 함께 생각한다. 지난 시간이 주었던 기쁨은 잠시, 현실이 주는 암울한 생각에 연민을 느낀다. 그때서야 생각하지 않을까? 왜 나는 나를 사랑하지 않았지?

 작가가 되기로 마음먹고 난 후 나는 주변 누구에게도 말하지 않았다. 떳떳이 말하지 못하는 내면에는 그들이 지닌 편견이 모처럼 제대로 된 나의 길에 방해될까 봐 그랬다. 평소 수다도 그다지 좋아하지 않은 터라 괜히 말했다가, 출판사가 내 원고를 채택해주지 않으면 괜히 웃음거리가 되고 싶지 않다는 남은 자존심 때문이었다.

그간 나를 아는 사람들은 나에게 허물없이 다가오지 않았다. 이유는 내가 마음의 문을 열지 않았기 때문이다. 사회에서 사업하며 받았던 절망의 배신에서 함부로 사람을 믿지 않는 나쁜 나의 메마른 감정은 마음의 밑바닥에 항상 깔려 있었다. 그러니 주변에서 나를 가까이 하지 않으려는 것은 당연하다. 그렇지만 나는 그것이 오히려 좋았다. 너무 가까운 사이가 되어 나빠지느니 차라리 가까이하지 않는 것이 더 편했다.

어릴 때 한번 혼난 경험이 있으면 절대 그 같은 일에 두려움이 생기는 것처럼 나 또한 그랬다. 그런 내가 나를 만드는 습관처럼 된 감정은 좀처럼 벗어나기 힘든 과정에서 굳어졌다. 생각이 습관을 만들고 행동이 나의 인격을 만들듯 차가운 듯했던 냉소적인 나였다. 그러는 내면에는 항상 나를 학대하는 엄격함이 흩뜨려지려는 감정을 주시했다. 나를 사랑하는 것이 아닌 항상 주시하는 잣대는 나의 내면을 억눌렀다.

억누르는 자존감이 갖는 자아를 높여라

자연히 조심스러운 행동은 습관처럼 어떤 행동을 한다. 몸에 흐르는 긴장감으로 말없이 어깨가 처지는 것을 느낀다. 그때서야 비로소 '나는 나를 사랑하는 것일까?' 하고 반문해본다. '나에게 점수를 준다면 몇 점이나 주지?' 하고 뜨악한 자신을 돌아보는 감정이 된다.

억눌린 자존감은 자신을 부정하는 마음으로 출발한다. 함부로 나서기도 두렵지만 나섰다가 상대의 반응에 흔들리는 감정이 불안하여 더욱 열등감으로 남는다. 성인이 되어도 매사에 부정적인 말을 일삼는 표현을 한다. 불행은 그로부터 시작된다.

2021년 1월 25일, 오늘 나의 블로그에 포스팅한 내용이다.

주제 [감정] 자존심은 강한데 자존감은 낮은 사람

사람은 모두 자존심이 강할까? 상대의 어떤 말을 듣고 화내며 '난 누구보다 자존심이 강해!'라고 말하는 사람을 흔히 본다. 자기의 의사와 다르다가 아니다. 매사 틀리다고 생각되면 본능적인 방어감정으로 그 분위기를 장악하려는 감정을 뭐라고 할까? 이들은 곧 자존감이 낮을 때 흔히 나타난다. 나보다 잘나면 '흥! 얼마나 가나 두고 보자!' 무시하고, 예쁘면 '흥! 제까짓 것이 뭐라고?' 등으로 질투한다.

낮은 자존감은 순간적으로 자신을 보호하려는 자존심의 날을 세우는 것이다. 자신의 소중함을 아는 것과 모르는 것의 차이다. 소중함이 없으면 때로는 그 상황에서 벗어나 정리하려는 것들을 볼 수 있다. 잘할 때는 모르지만, 잘못되면 정리하려는 것으로 자신에게 쏟아지는 비난 등을 자신 위주로 합리화하든지 극단적인 선택을 한다.

그들은 자신도 모르게 어릴 때 환경에 의해 자리 잡힌 생각이 반영된 것이다. 나쁘고 어렵고 힘든 상황에서도 서로를 다독이며 격려하는 환경에서 자란 사람과 티격태격 서로의 잘못으로 돌리며 싸우는 환경에서 자란 사람이 다른 것과 같은 예이다.

사람은 환경의 동물이다. 나 자신을 알며 살아가는 것이 무엇보다 중요하다. 그러기 위해서는 좋은 언어에 노출되는 삶이 중요하다. 고약한 환경에서 성장했지만, 반전하는 기회로 삼을 수도 있다. 벗어나려는 좋은 것에 자신을 노출시켜야 한다. 그 노출이 쌓일수록 자기 안에 어떤 소리를 낸다. 사회에는 그러한 성공자는 많다.

열등감이 있는 자들은 매사에 인정받고 싶은 심리가 내재되어 있다. 낮은 자존감이 만들어낸 감정이다. 자신을 무시하거나 인정하지 않으면 섭섭해한다. 매사 자기의 인정을 받으려다가 인간관계가 좋아지기보다 끊어진다. 사회가 자기를 비난하는 것 같지만, 그 비난의 첫 소리는 자신이 내는 것이다. 사회는 그에게 비난의 첫 소리를 내지 않는다. 어떤 경우에 그 상황을 비난할지라도 자신의 잘못이 사실이라면 인정하는 것은 열등감이 아니다.

무엇보다 깨달아야 할 것은 '나는 나다.'라는 것을 아는 것이다. 나는 이 세상에 단 하나뿐이고 온 우주는 나를 중심으로 있다는 내가 주인공이라는 것이다. 바로 내 인생의 무대에 주인공이라는 사실이다. 자기를 인정하고 잘못되었다면 그 잘못을 인정하고 내 인생에서 멋진 안타를 때리겠다는 각오가 필요하다. 그러기 위해서 중요한 것은 나 자신을 사랑하는 것이다. 나를 사랑하는 것은 홈그라운드에서 많은 응원 속에서 경기하는 선수와 같다. 긍정적인 주변에서 승리하는 게임 같은 삶을 사는 이를 말한다.

열등의식의 사랑은 자기 결핍이 많다. 하지만, 열등의식에서 오는 오기는 엄청난 폭발력을 가지고 있다. 아이러니하게도 세상의 성공자들은 결핍의 추진력을 이용하는 사람이 많다. 자신의 상황을 알고 결핍된 부분을 이겨내고야 말겠다는 오기의 폭발력은 대단한 에너지가 된다. 나 자신을 사랑하는 것으로 이어지는 추진력, 에너지를 바꿀 용기를 망설이는가? 내 인생의 안타를 칠 사람은 나밖에 없다.

'나도 가끔 행복해지는 것이 나쁜 것이 아니야.', '나도 나답게 살아도 괜찮아!' 자신의 상황과 형편이 아무리 나빠도 내가 나를 케어해야 하는 것이다.

나를 사랑하는 방법을 찾아라!

철없던 미성숙한 과거는 누구나 있다. 낮은 자존감이 주는 열등의식으로 대다수는 고민해본 적이 있다. 현재도 나쁜 감정에게 당신의 낮은 자존감이 주는 열등의식으로 자존심을 세우고 있는가? 인간에게는 누구나 행복할 권리가 있다.

'당신은 행복한가요?'라는 질문에 선뜻 '그렇다'는 대답이 나오지 않는다면 그 원인을 찾아 해결해야 한다. 어떤 이유에서든 마음속 깊이 쌓여 있는 나쁜 감정의 응어리와 불행에서 단호하게 벗어나야 한다.

물질적인 풍요가 행복을 보장해주지 않는다. 사랑은 이성이 아니고 감성이다. 감성은 이성으로 변화시키기 어렵다. 이성적인 의식의 통로에서 감성의 무의식 통로에 관심을 기울이고 자신을 들여다보아야 한다. 사랑의 감성으로 먼저 나 자신을 사랑하는 것은, 인간에게 있는 자기 사랑을 아는 것이다.

내면에서 '욱'하고 치미는 순간, 표면적인 감정에 매달리는 것을 보라. 그 나쁜 감정의 원리를 알고 나면 나의 감정을 다스리는 것은 한결 쉽다. 속에서 치미는 분노와 본질적인 자아를 분리해서 생각하면 된다. 화나는 순간 한 걸음 물러서 객관적으로 바라본다.

대부분의 사람들은 나 자신을 사랑하는 방법을 모르고 산다. 숨겨진 열등감의 낮은 자존감으로 사람들과의 원만하지 않은 관계로 고민하는가? 내가 나를 사랑하지 않으면 아무도 나를 사랑해주지 않는다는 것을 알아야 한다. 박대와 멸시로 자아존중과 사랑이 없었다면, 내 삶에 주어진 오늘 하루에서라도 작은 것에 감사해보라. 감사함이 주는 행복함은 나 자신뿐 아니라 타인까지도 사랑하게 한다.

사랑받기 때문에 행복한 것이 아니라, 행복하기 때문에 사랑하는 것이다. 나 자신을 사랑하지 않는다면 가족도 이웃도 사랑하지 못한다. 살면서 사랑받으려고 구걸하지 않아도 사랑받기를 원하는가? 나답게 단호하게 "자신을 사랑할 줄 아는 사람이 되라"고 말한다.